Religions

du monde

Éros, Aphrodite et Pan, trois divinités grecques

« L'âme est comme un
conducteur de char à deux
chevaux, dont l'un est noble et
bon, l'autre tout le contraire. »

PLATON, PHÈDRE

Verset du Coran gravé sur un médaillon de gemme

Tête du Bouddha

« L'esprit chancelle et s'agite sans trêve...
que les sages s'efforcent de rendre droit
leur esprit, tout comme celui qui taille
une flèche s'efforce de la faire droite. »

BOUDDHA GAUTAMA

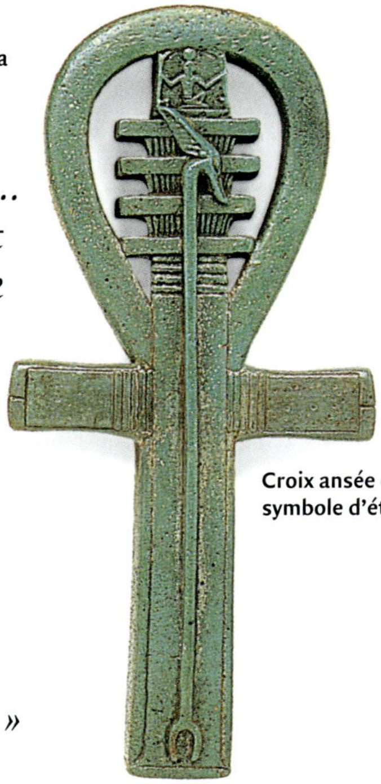

Croix ansée égyptienne, symbole d'éternité

« Ce qui est dans les cieux et
ce qui est sur la terre
appartient à Dieu. La science
de Dieu s'étend à toute chose. »

CORAN, SOURATE DES FEMMES, 126

« Je suis tout ce qui a été,
Je suis tout ce qui est,
Je suis tout ce qui sera.
Pourtant, nul œil mortel
ne m'a jamais perçue telle que je suis. »

HYMNE À NEIT, DÉESSE-MÈRE ÉGYPTIENNE

Icône représentant le Christ en croix

« Pour la libération des bons,
pour la destruction de ceux
qui font le mal, pour mettre
sur le trône la Justice, Je prends
naissance d'âge en âge. »

KRISHNA, BHAGAVAD-GITA, CHANT IV

« Jésus-Christ
est le même hier
et aujourd'hui, et
le sera éternellement. »

ÉPÎTRE AUX HÉBREUX, XIII, 8

Statue hindoue de Krishna, incarnation de Vishnou

Religions
du monde

par

Myrtle Langley

Photographies originales de Geoff Dann, Ellen Howden,
Andy Crawford, Ray Moller et Gary Ombler

Rouleau de la Torah

*« Alors Dieu dit à Moïse : “ JE SUIS CELUI QUI SUIS ”.
Il dit aussi : “ Tu diras aussi aux enfants d'Israël :
Celui qui s'appelle JE SUIS m'a envoyé vers vous. ” »*

EXODE, III, 14

LES YEUX DE LA DÉCOUVERTE
GALLIMARD JEUNESSE

Mitre d'évêque

COMMENT ACCÉDER À LA GALERIE PHOTOS DU LIVRE ET À UNE SÉLECTION DE LIENS INTERNET

1 - SE CONNECTER
Rendez-vous sur le site Internet de Gallimard Jeunesse : www.gallimard-jeunesse.fr. Tapez le titre du livre dans l'outil de recherche du site. Vous accéderez alors directement à la page Internet de cet ouvrage.

2 - TÉLÉCHARGER DES IMAGES
Une galerie de photos est accessible sur cette page Internet. Vous pouvez y télécharger des images libres de droits pour un usage personnel et non commercial.

3 - CONSULTER DES SITES INTERNET
Sur cette page Internet, nous vous proposons une sélection de liens Internet particulièrement intéressants et riches sur les sujets traités dans ce livre.

IMPORTANT :
- Demandez toujours la permission à un adulte avant de vous connecter au réseau Internet.
- Ne donnez jamais d'informations sur vous.
- Ne donnez jamais rendez-vous à quelqu'un que vous avez rencontré sur Internet.
- Si un site vous demande de vous inscrire avec votre nom et votre adresse e-mail, demandez d'abord la permission à un adulte.
- Ne répondez jamais aux messages d'un inconnu, parlez-en à un adulte.

NOTE AUX PARENTS : Gallimard Jeunesse vérifie et met à jour régulièrement les liens sélectionnés ; leur contenu peut cependant changer. Gallimard Jeunesse ne peut être tenu pour responsable que du contenu de son propre site. Nous recommandons que les enfants utilisent Internet en présence d'un adulte, ne fréquentent pas les *chats* et utilisent un ordinateur équipé d'un filtre pour éviter les sites non recommandables.

Carreau de céramique orné de paroles du Coran

Chapelet chrétien utilisé pour la prière

Céramique islamique

Collection créée par Pierre Marchand et Peter Kindersley

ISBN 978-2-07-065178-8
La conception de cette collection est le fruit d'une collaboration entre les Éditions Gallimard et Dorling Kindersley.

Loi n° 49-956 du 16 juillet 1949 sur les publications destinées à la jeunesse

Réalisation : ML éditions - Édition : Anne Papazoglou-Obermeister
Traduction : Christine Chareyre - Correction : Marie-Pierre Le Faucheur
Pour cette nouvelle édition : Suivi éditorial : Éric Pierrat - PAO : Olivier Brunot
Lecture : Sylvette Tollard - Couverture : Christine Régnier
Dépôt légal : mars 2013
N° d'édition : 249154
Imprimé en Chine par South China Printing Company Limited

Durga, déesse hindoue

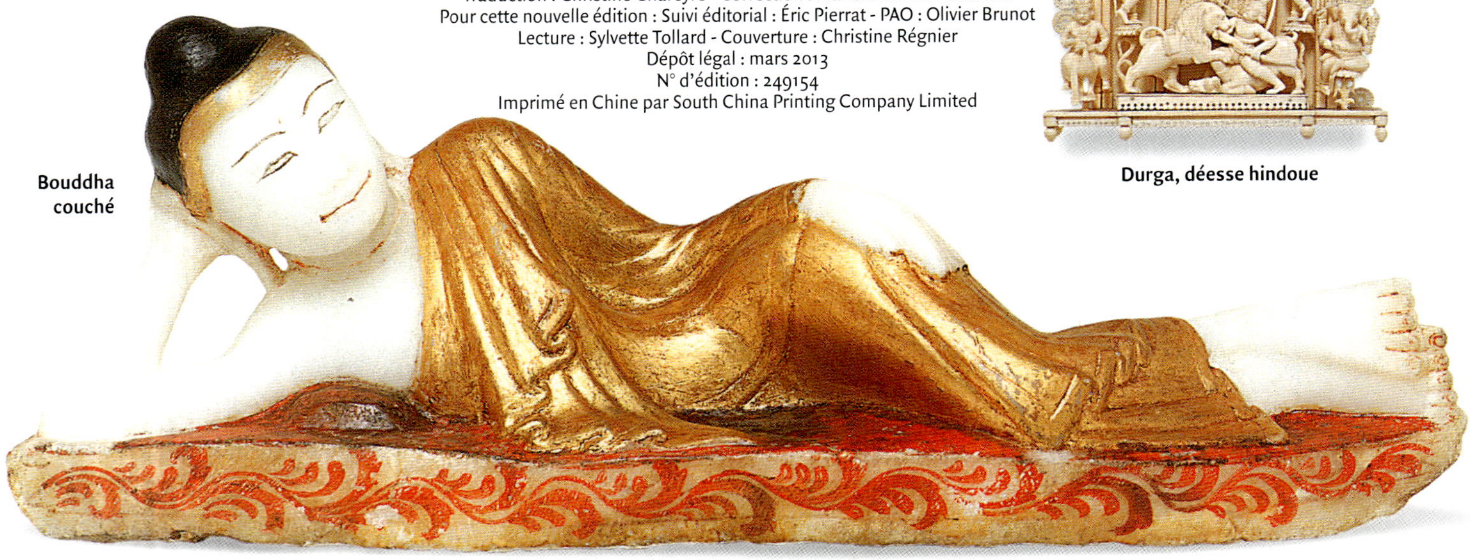

Bouddha couché

Assiette utilisée pour le *seder*, repas pascal des juifs

Moulin à prière tibétain

Sommaire

La quête spirituelle

▲ La lumière de la vie
Dès les temps les plus anciens, les hommes ont compris que la vie sur terre dépendait du soleil. Ils ont donc associé l'idée de Dieu à cette lumière vitale et choisi cet astre comme symbole divin.

Le monde où nous vivons est plein de contrastes. Parfois dur et hostile, il est aussi source d'émerveillement et de joie. La vie peut être tour à tour pénible ou passionnante. On peut se sentir seul, même entouré d'une foule de gens. En règle générale, la vie et l'univers demeurent pour nous un grand mystère. Depuis l'aube des temps, les hommes se sont interrogés sur leur origine, sur le sens de la vie et de la mort. C'est de cette longue quête (ou recherche) spirituelle que sont nées les multiples religions du monde. On peut distinguer deux grands courants. Le premier accepte le monde avec ce qu'il a d'essentiellement bon, tout en s'attachant à en corriger les défauts. Le second considère que la réalité est spirituelle et cherche à libérer l'âme du monde matériel et du cycle éternel de la naissance, de la mort et de la réincarnation. Les religions nous apprennent à vivre, nous racontent des mythes et des récits légendaires sur les divinités et la création – qui nous aident à comprendre les mystères de la vie. Elles nous proposent des manières de penser et des croyances, nous enseignent des rites – c'est-à-dire des actes accomplis suivant un modèle bien défini – qui jouent un grand rôle dans la transmission du culte, l'éducation et le comportement social. Les religions aident à atteindre l'harmonie avec le monde, à tisser des liens entre le visible et l'invisible...

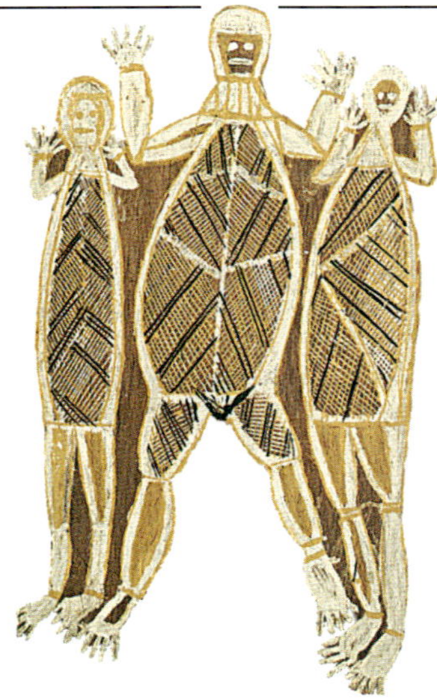

▲ Le mythe de la création
Cette peinture sur écorce *churinga*, provenant d'Australie, nous montre un groupe ancestral de l'âge d'or où le monde a pris forme et où sont apparus les premiers aborigènes. Dans beaucoup de religions, la loi morale est fondée sur les mythes de la création et des ancêtres.

« La religion ne nous est pas étrangère... elle est en nous. De façon consciente pour certains, inconsciente pour d'autres, mais elle est toujours présente. »

MAHATMA GANDHI

Uluru, (connu également sous le nom d'Ayers Rock) en Australie

◄ Cheminement spirituel
Ce grand monument bouddhique à Barabudur en Indonésie en forme de pyramide compte quatre niveaux de galeries et trois terrasses circulaires où se trouvent 72 stupas renfermant chacun une statue du Bouddha illustrant son cheminement spirituel. Au cours de leur lente ascension vers le sommet, les pèlerins suivent son exemple. Le monument est coiffé d'un stupa final pour invoquer la présence du Bouddha. L'architecture, la sculpture et les différents arts servent à véhiculer les idées de nombreuses religions.

Pierre tombale islamique

▶ La vie et la mort

La mort nous attend tous. Certains l'accueillent avec soulagement, d'autres la redoutent. Mais, pour beaucoup, il existe des signes faisant penser que la mort n'est pas la fin de tout et que la vie d'ici-bas n'est pas la seule et unique vie possible. De même qu'il nous arrive de nous voir en rêve comme de l'extérieur, détachés de notre enveloppe charnelle, il n'est pas rare de visiter un endroit avec l'étrange impression de l'avoir déjà vu. D'où certaines croyances admettant que l'âme peut se réincarner dans différentes personnes ou bien que l'âme et le corps seront de nouveau réunis après la mort. On peut considérer l'édification des tombeaux et les rituels funéraires comme les préparatifs d'une vie nouvelle.

◀ Purification et guérison

L'eau est indispensable à la vie. C'est pourquoi les sources et les rivières sont considérées depuis fort longtemps comme des symboles spirituels. Ce sont souvent des lieux de pèlerinage. En Inde (ci-contre), les gens viennent se désaltérer ou se baigner dans les eaux sacrées du Gange afin de purifier leur corps et leur esprit.

« Tu nous as faits pour Toi et nos cœurs ne trouveront pas la paix tant qu'ils ne reposeront pas en Toi. »

Saint Augustin d'Hippone

Ce rocher mesure 348 m de haut, 6 km de long et 2 km de large.

Il y a plusieurs grottes sacrées situées au pied du rocher.

◀ La montagne sacrée

Le gigantesque rocher d'Uluru a, pour les aborigènes d'Australie, une grande signification spirituelle. Leurs croyances et leurs coutumes sont en effet étroitement liées à la terre et à la nature. Le paysage lui-même recèle quantités de symboles divins. On retrouve des croyances similaires dans d'autres religions, et il existe plusieurs montagnes « sacrées » à travers le monde. Certaines sont même considérées comme la demeure des dieux.

Découverte en Autriche, la Vénus de Willendorf a environ 22 000 ans. Elle est généralement interprétée comme une divinité de la fécondité.

▶ Fertilité et culte de la Mère

La vie dépend de la fertilité du sol, de la lumière et de l'eau du ciel. Le dieu Soleil et la déesse Terre ont souvent été représentés en train de s'unir pour donner la vie. La terre devient également fertile grâce au labeur des hommes, soutenus par des divinités mineures, tels le Tonnerre et la Pluie. Le culte de la Mère – associé au printemps, aux semailles, aux moissons et à la maternité – est sans doute l'un des rites religieux les plus anciens du monde, sans doute le plus ancien de tous.

La vie et la mort dans l'Égypte ancienne

▲ **Signe de Vie**
En Égypte, seuls les rois, les reines et les dieux avaient le droit de porter cette croix ansée appelée *ankh*. C'est le signe de vie indiquant que celui qui le porte a le pouvoir de donner ou de reprendre la vie aux simples mortels.

Les Égyptiens de l'Antiquité vénéraient de nombreux dieux, lesquels régnaient sur différents domaines terrestres et célestes. Rê, le dieu solaire suprême, source de toute vie, était adoré sous divers aspects. Croyant que tous les événements étaient régis par les dieux, les Égyptiens leur faisaient de nombreuses offrandes afin de les satisfaire et de s'assurer leur protection. Ils s'efforçaient de bien se conduire durant leur vivant de façon à être admis au royaume d'Osiris après leur mort. Ce royaume, appelé « les Champs de Roseaux », était une image idéalisée de l'Égypte. Avant d'y parvenir, le défunt devait affronter les monstres et les lacs de feu de l'enfer souterrain, puis effectuer un long voyage vers l'au-delà, ou *douat*. S'il sortait vainqueur de tous ces périls, il lui restait alors à passer l'ultime épreuve du jugement dans la salle des Deux Justices.

▲ **L'œil d'Horus**
On déposait cette amulette à côté des momies. Elle représente l'œil que le dieu du Ciel Horus avait perdu en combattant Seth, dieu du Désordre et de la Violence. Selon la légende, Horus aurait ensuite retrouvé son œil par miracle. Connu sous le nom de *oudjat*, cet œil fétiche possède des vertus protectrices et curatives. Il symbolise aussi la victoire du bien sur le mal.

Sarcophage extérieur de Pasenhor, l'un des nombreux Libyens établis en Égypte au cours du Nouvel Empire (1580 à 1085 av. J.-C.)

Les symboles peints sur le sarcophage avaient pour but d'aider la momie à accomplir son dangereux voyage vers l'au-delà.

▼ **Le jugement**
Après la *douat*, la dernière étape à franchir se déroulait dans la salle des Deux Justices, où l'on pesait le cœur du mort pour savoir s'il était lourd de péchés. Sur l'autre plateau de la balance reposait une plume symbolisant Maât, la déesse de la Vérité et de la Justice. Ici, le mort est présenté à Osiris après avoir passé l'épreuve avec succès. S'il avait échoué, le monstre Ammit lui aurait dévoré le cœur et l'aurait ainsi empêché d'accéder à la vie éternelle.

▲ **La demeure de l'âme**
Les Égyptiens se préparaient à partir vers l'autre monde selon un rituel bien défini. Ils momifiaient les corps afin qu'ils restent intacts à tout jamais et que l'âme du mort puisse garder sa demeure. On plaçait dans les tombeaux de nombreuses amulettes magiques pour protéger les momies et les aider à triompher des dangers de la *douat*, ainsi qu'une quantité de choses indispensables à leur survie (nourriture, boisson, ustensiles divers).

Le mort est guidé par Anubis, le dieu à tête de chacal.

Cœur du défunt posé sur l'un des plateaux de la balance

Le dieu Thot inscrit le verdict sur sa palette de scribe.

Ammit, la « Grande Dévoreuse »

Plume de Vérité

Renaissance

Le principe de la renaissance – dite aussi nouvelle ou seconde naissance – se retrouve dans de nombreuses religions. Pour certaines, il s'agit du passage de l'enfance à l'âge adulte, pour d'autres de l'éveil à la vie spirituelle ou bien encore de la résurrection après la mort. Pour les anciens Égyptiens, l'âme du défunt devait quitter le tombeau afin de s'engager sur le dangereux chemin conduisant au paradis d'Osiris, royaume de la vie éternelle. L'eau est souvent symbole de renaissance.

▼ Formules magiques
Le *Livre des morts* est un rouleau de papyrus sur lequel sont inscrites des formules magiques et des prières destinées à aider le défunt dans son périlleux voyage vers l'au-delà. Cette statuette d'Osiris recèle un compartiment secret qui abritait le précieux papyrus.

Compartiment secret

Rouleau de papyrus

« Shaouabti »

Boîte en bois peint renfermant des shaouabtis. On y voit représentés des dieux et une prêtresse.

« Ô toi qui vis sur terre, qui aimes la vie et détestes la mort... »

Inscription figurant sur un tombeau égyptien

▼ Le dieu de la Renaissance
Osiris, dieu de l'Au-delà, présidait au jugement des âmes. Ayant triomphé de la mort, il était aussi considéré comme le dieu de la Renaissance, et tout Égyptien devait suivre son exemple. On plaçait sa statue dans les temples et les tombeaux.

▲ Statuettes d'ouvriers
Les Égyptiens croyaient qu'après la mort Osiris leur demanderait à l'occasion de travailler dans les champs de son royaume. Les riches se faisaient donc enterrer avec des figurines – ou *shaouabtis* – capables d'accomplir les rudes tâches à leur place.

Osiris présidant le jugement

Les deux déesses gardiennes : Isis, épouse d'Osiris, et sa sœur Nephthys

Les quatre fils d'Horus, gardiens des organes vitaux, présentés debout sur une fleur de lotus

Les dieux du Nil

S'ils présidaient au voyage de la vie vers la mort, les dieux de l'Égypte ancienne supervisaient également la vie quotidienne de ses habitants, centrée sur le Nil. Principale voie de communication, le fleuve était aussi une riche source de poisson et autres denrées. La crue annuelle déposait sur ses rives un fertile limon qui favorisait la croissance des cultures. Les Égyptiens croyaient que leurs dieux et déesses gouvernaient le Nil et les terres environnantes, qu'ils y préservaient la vie en régulant les inondations et en protégeant la population des bêtes féroces du fleuve. Ces divinités, qui résidaient sur les berges, revêtaient souvent la forme d'animaux qui vivaient là, tels les vaches, les chats, les scarabées ou les crocodiles.

▲ Ptah
Adoré principalement à Memphis, Ptah était un dieu créateur. Une légende rapporte qu'il fabriqua le cosmos en le concevant dans son cœur, puis en le modelant par la parole. Également dieu des Sculpteurs et des Tailleurs de pierre, Ptah avait son sanctuaire à proximité de carrières de calcaire, non loin de la cité.

Statuette en bronze de Bastet, Saqqarah

▲ Bastet
Fille du dieu solaire, la déesse-chat Bastet protégeait son père et le pharaon en attaquant courageusement leurs ennemis. Elle mettait à profit son aspect paisible pour aider le dieu solaire à faire mûrir les céréales. Son principal temple, à Bubastis, abritait ses statuettes et des chats momifiés qui lui étaient dédiés.

Statue du dieu Khnoum, homme à tête de bélier

◀ Khnoum
Avec son corps d'homme et sa tête de bélier, Khnoum était l'un des dieux les plus puissants du Nil. Il gardait les cataractes, enjoignant à une autre divinité, Hâpî, de sortir chaque année de sa grotte pour inonder les rives du fleuve et y répandre le fertile limon. Habile artisan, Khnoum façonnait avec le limon des formes vivantes, y compris des êtres humains, à l'aide de son tour de potier.

▶ Khepri
Parmi les multiples formes que revêtait le dieu solaire figurait le scarabée Khepri. À l'image du scarabée-bousier, l'insecte qui roule les boules de bouse, Khepri poussait le disque solaire dans le ciel jusqu'à la tombée de la nuit. Le disque disparaissait alors dans le corps de Nout, déesse de la Nuit. De nombreux sceaux et bijoux avaient pour motif le scarabée, symbole de renaissance.

Broche en or figurant un scarabée, sertie de pierres semi-précieuses, provenant du tombeau de Toutankhamon

Temple d'Hathor à Dendérah, vallée du Nil

▼ Hathor
Vénérée dans son temple de Dendérah, Hathor était la déesse de l'Amour, de la Beauté, de la Fertilité et de la Maternité. Elle était parfois figurée comme une vache qui vivait dans les marécages de papyrus, au bord du Nil, et produisait du lait pour le pharaon. Elle apparaissait aussi sous les traits d'une séduisante jeune femme dont la tête couronnait les colonnes de son temple.

« Aucun dieu ne te surpasse
en puissance. »

HYMNE DU MATIN AU DIEU SOLEIL

▶ Sobek

Le dieu Sobek était représenté comme un crocodile ou un homme à tête de crocodile. Ses redoutables crocs rappelaient ceux des dangereuses bêtes qui se cachaient dans le Nil. Mais ses solides mâchoires et sa capacité à chasser et à tuer les proies avec rapidité et aisance symbolisaient aussi la puissance du pharaon. Les Égyptiens lui dédièrent de nombreux temples et, sous la domination grecque, ils perpétuèrent son culte et baptisèrent une ville Crocodilopolis.

Bas-relief figurant Sobek, à Kom-Ombo, vallée du Nil

◀ Rê

L'un des aspects les plus connus du dieu solaire était Rê, figure à tête de faucon surmontée du disque solaire. L'existence de Rê remonterait à la nuit des temps : selon les Égyptiens, il sortit des eaux primordiales sur un monticule appelé Benben. Considéré comme le créateur des premiers hommes, il était étroitement apparenté au pharaon, souvent appelé « fils de Rê ».

Peinture du xe siècle av. J.-C. représentant Rê

▶ Bès

Mi-nain, mi-lion, le dieu Bès était très populaire, car il protégeait les couples mariés et leurs enfants, présidant aux accouchements. Il était souvent figuré tenant un couteau pour chasser les ennemis de la famille. Les Égyptiens croyaient que s'ils possédaient une image de Bès dans leur maison, il repousserait les animaux dangereux comme les serpents et les scorpions.

Statuette de bronze de Bès, VIIe siècle av. J.-C.

Le panthéon grec

▲ **Mère et chasseresse**
Artémis est la déesse de la Chasse et de la Lune. À Éphèse, son culte se confondit avec celui d'une divinité Mère suprême, ancienne déesse de la Terre et de la Fécondité.

Pour les anciens Grecs, la nature était sacrée car elle détenait les secrets de la vie. Le dieu du Ciel trônait sur une montagne que les fidèles gravissaient pour lui demander de faire tomber la pluie. Chaque arbre était habité par un esprit divin. Le chêne était voué à Zeus, l'olivier à Athéna, le laurier à Apollon et le myrte à Aphrodite. Les bosquets, également sacrés, étaient des lieux d'asile. Chaque source abritait une nymphe, chaque fleuve avait son dieu, et la mer était la demeure de nombreux esprits et divinités. Tous les aspects de la vie quotidienne avaient leurs protecteurs et, selon la circonstance, on choisissait de s'adresser à un dieu plutôt qu'à un autre. Les dieux intervenaient à leur guise dans la vie des humains et décidaient, selon leur humeur, de les aider ou de leur nuire.

▲ **Le Parthénon**
Construit au ve siècle av. J.-C., sous le règne de Périclès par Phidias, le Parthénon se dresse au sommet de l'Acropole d'Athènes. Ce temple consacré au culte d'Athéna abritait une immense statue de la déesse (haute de 12 m) en or et en ivoire.

▲ **La déesse de l'Amour**
Déesse de l'Amour et de la Beauté, Aphrodite fut également surnommée « née de l'écume » car, selon la mythologie, elle serait sortie d'une vague fécondée par le sang d'Ouranos, à l'issue d'un combat avec l'un de ses fils, Cronos. Ce miroir gravé la représente en train de jouer aux osselets en compagnie de Pan, dieu de la Nature.

▲ **Apollon**
Frère d'Artémis, Apollon incarne la jeunesse et la beauté. C'est un dieu puissant, souvent associé au soleil, à la lumière, à la divination, à la musique et à la guérison. Ses violentes colères en font aussi un dieu redoutable.

▶ **La déesse de la terre nourricière**
Déméter est la déesse des Moissons. On dit qu'elle cessa d'assurer la fertilité de la terre après qu'Hadès (dieu des Enfers) eut enlevé sa fille Perséphone. Zeus négocia sa libération, sous condition qu'elle n'ait rien mangé au royaume d'Hadès. Comme Perséphone avait malheureusement mangé six grains de grenade durant son séjour aux Enfers, elle fut condamnée à passer chaque année six mois avec Hadès, et le reste du temps avec sa mère. Ce mythe donnait l'explication des saisons.

Figurines en terre cuite représentant Déméter et Perséphone, assises côte à côte et tenant les rênes d'un char à bœufs.

Zeus, souverain des dieux

« Connais-toi toi-même... Évite les excès. »

ORACLE DE DELPHES

▼ L'oracle de Delphes

Dans la Grèce antique, on interrogeait les dieux avant de prendre une décision importante. Pour cela, on allait consulter les oracles dans des lieux sacrés. Le plus célèbre, la Pythie, prêtresse d'Apollon, se trouvait à Delphes.

Égée, roi d'Athènes, en train de consulter l'oracle

▲ Transes

La Pythie de Delphes entrait en transes et transmettait la réponse du dieu sous forme de cris incohérents ou de paroles obscures que les prêtres du temple interprétaient en termes plus clairs

▲ Le dieu suprême

Zeus est le plus grand des dieux grecs. Armé de la foudre qui symbolise son pouvoir sur la terre comme au ciel, il est l'arbitre de la Justice. Ses frères, Poséidon et Hadès, règnent respectivement sur la mer et sur le monde souterrain des Enfers. Zeus épousa sa sœur Héra, qui lui donna plusieurs enfants. Mais il engendra aussi d'innombrables divinités et demi-dieux avec d'autres déesses ou de simples mortelles. On le représente généralement sous les traits d'un homme mûr, barbu, empreint de force et de dignité.

▶ Une sage guerrière

Athéna est la déesse de la Sagesse, de la Littérature, de la Philosophie et des Arts, mais aussi de la Guerre. Elle a pour symboles la chouette et l'olivier. Elle a donné son nom à la ville d'Athènes, où l'on célébrait de grandes fêtes en son honneur. En Grèce, chaque cité avait sa divinité protectrice que l'on vénérait et à qui l'on demandait bienveillance et assistance, surtout en période difficile.

Les dieux grecs de la vie

Les anciens Grecs adoraient de nombreux dieux et déesses qui régissaient des aspects spécifiques de la vie sur Terre. Ils croyaient que ces divinités les protégeraient s'ils leur présentaient des offrandes, ou sacrifices. Certaines, tel Héphaïstos, dieu des Artisans, notamment des Forgerons, étaient principalement vénérées par les membres de ces professions. D'autres avaient des sanctuaires dans certaines villes, où de nombreux adeptes célébraient régulièrement des fêtes en leur honneur. Des divinités comme Hestia, déesse du Foyer, comptaient des fidèles dans toute la Grèce.

▲ Arès
Les Crétois offraient des sacrifices à Arès, dieu de la Guerre, et à sa bienaimée Aphrodite, déesse de l'Amour, figurant tous deux sur cette fresque de Pompéi, en Italie. Ils pensaient que ces divinités pouvaient devenir malfaisantes si elles n'étaient pas apaisées avec des sacrifices. Ils craignaient tout particulièrement Arès pour sa violente nature, sa capacité à se mettre en colère et à attiser les conflits. Pour les habitants d'Athènes, Arès était le protecteur des jeunes soldats.

Statue d'argile d'Éros à Myrina, Grèce (300-200 av. J.-C.)

▲ Éros
À l'origine force créatrice, Éros devint rapidement le dieu de l'Amour, revêtant l'aspect d'un jeune homme ailé, comme sur cette statue. Armé de son arc, il était capable de rendre amoureux les hommes comme les dieux, par le pouvoir de ses flèches. De nombreux sanctuaires lui étaient dédiés.

◀ Héphaïstos
Comme le montre cette assiette en céramique du Ier siècle apr. J.-C., le héros Achille utilisa une armure forgée spécialement pour lui par Héphaïstos, dieu du Feu et de la Métallurgie. Héphaïstos mettait à profit ses pouvoirs surnaturels pour élaborer toutes sortes de surprenantes inventions telles que des automates en or ou encore les objets magiques des dieux, comme le trident de Poséidon ou le foudre de Zeus. À Athènes, son temple se situait dans le quartier des artisans spécialisés dans le travail des métaux.

Asclépios avec son bâton et son serpent

◀ Asclépios
Dieu grec de la Médecine, Asclépios est représenté avec un bâton autour duquel s'enroule un serpent. Ces attributs se retrouvent sur les caducées, emblèmes de la médecine dans le monde entier. Les principaux sanctuaires d'Asclépios se situaient sur l'île grecque de Cos, qui abritait une école de médecine, ainsi qu'à Épidaure. Les malades qui se rendaient à Épidaure dormaient dans une partie du temple qui leur était réservée, espérant une guérison miraculeuse qui surviendrait pendant leur sommeil.

▶ Hestia
Hestia est la déesse du Foyer, symbole de la maison et de la famille. Toutes les familles laissaient des offrandes à la déesse près de la cheminée. À Athènes, un feu alimenté en permanence lui était dédié, dans un édifice spécifique, le prytanée. Lorsque les Athéniens fondaient une colonie, ils prélevaient un peu de ce feu pour allumer le foyer de la nouvelle patrie.

« La race sacrée des dieux... fils du Ciel étoilé et de la Terre »

Hésiode, Théogonie

◀ Pan
Mi-homme, mi-bouc, Pan est le dieu des Chevriers, des Bergers et de leurs troupeaux. Il tomba amoureux de plusieurs nymphes qui l'éconduisirent tour à tour. Lorsque la nymphe Syrinx s'enfuit devant lui, il la transforma en un roseau dont il fit son instrument de musique, la syrinx, ou flûte de Pan. Il métamorphosa également la nymphe Pitys en pin. Quant à la nymphe Écho, il la fit répandre en miettes sur toute la Terre, laissant entendre sa voix partout, même morte !

Détail de la mosaïque d'Antioche (actuelle Antakya, en Turquie) figurant Athéna, Héra et Aphrodite

Temple de Poséidon, au cap Sounion, à proximité d'Athènes

▲ Poséidon
L'une des divinités grecques les plus anciennes et les plus puissantes, Poséidon est le dieu de la Mer et des Séismes. Les Grecs l'associaient principalement aux tempêtes, et les marins lui offraient un sacrifice avant de partir en voyage. Nombre de temples lui furent dédiés dans des sites côtiers, tel celui du cap Sounion, en Grèce continentale. Il était aussi vénéré à l'intérieur des terres, notamment près des ruisseaux et des sources.

Vase montrant Dionysos avec des ménades et des satyres (525 av. J.-C.)

◀ Dionysos
Dieu du Vin, de l'Ivresse et du Théâtre, Dionysos est l'une des divinités les plus imprévisibles du panthéon grec. Les récits le mettent en scène voyageant en proie à une démence mêlée d'ivresse, accompagné de satyres (figures mi-humaines, mi-animales, à pattes de bouc) et de femmes portant le nom de ménades. De bruyantes processions et des représentations théâtrales rythmaient les nombreuses fêtes organisées en l'honneur de Dionysos.

◀ Héra
Femme de Zeus et déesse du Mariage, Héra était l'objet de rituels avant les mariages. Elle était aussi la protectrice de certaines cités grecques. Célèbre pour son visage empreint de sérénité, elle comptait parmi les trois plus belles déesses, avec Aphrodite et Athéna. Lorsque Éris, déesse de la Discorde, offrit une pomme d'or pour récompenser la plus belle d'entre elles, le séduisant héros troyen Pâris dut choisir entre les trois. Il donna la pomme à Aphrodite. Héra et Athéna jurèrent alors de se venger en soutenant les Grecs.

▲ Frey
Principal dieu de la Fécondité, Frey régissait le soleil et la pluie. Les Vikings lui adressaient des prières pour obtenir des récoltes abondantes et pouvoir manger à leur faim. Frey était représenté sous les traits d'un homme avec une barbe en pointe, comme cette statuette suédoise.

Les anciennes religions scandinaves

Les populations anciennes de la Norvège, de la Suède et du Danemark ont élaboré une religion complexe mettant en scène de nombreux dieux et déesses. Ces divinités évoluaient dans une contrée mythique, Asgard, gouvernée par leur roi, Odin. Il fut l'un des dieux scandinaves les plus vénérés, avec Thor et Frey – les temples abritaient leurs statues. Les Vikings croyaient que les dieux influençaient l'existence des hommes et des femmes, intervenant autant dans leur quotidien que dans des événements majeurs comme les guerres. Ils s'efforçaient donc de les satisfaire en les adorant et en arborant des amulettes ornées de leur image ou de leur symbole. Ils vivaient dans l'attente de Ragnarök, sorte de fin du monde durant laquelle les dieux, les hommes et la Terre tout entière seraient anéantis.

Amulette représentant le marteau de Thor

▲ Thor
Le dieu du Tonnerre Thor, la plus puissante divinité scandinave, était impressionnant, avec sa barbe rouge, ses yeux perçants et son appétit gargantuesque. Il avait pour principale arme un marteau, avec lequel il tuait les géants et faisait gronder le tonnerre. Thor était l'un des dieux les plus populaires, comme l'attestent les broches et les amulettes en forme de marteau portées par les Scandinaves pour qu'il les protège.

Le châtiment de Loki

◀ Loki
Le dieu « pervers » Loki aidait les autres dieux, mais il pouvait aussi les trahir. Il était le père de trois des ennemis les plus redoutés des dieux – le loup Fenrir, le grand serpent de Midgard et la déesse de la Mort Hel. Loki fut à l'origine de la mort du vertueux fils d'Odin, Baldr, après quoi les dieux l'enchaînèrent à un rocher et laissèrent le venin d'un serpent couler vers sa bouche, mais sa fidèle épouse recueillit le poison dans une coupe. Le venin finit pourtant par déborder et atteignit Loki ; sa douleur provoqua alors un séisme.

▶ Frigg
L'épouse d'Odin, Frigg, était une superbe déesse, parfois confondue avec Freya – les deux noms signifiant « femme ». Elle influençait souvent son mari dans la gestion des affaires humaines et se querellait parfois avec lui. Elle était rarement représentée, mais les Scandinaves la croyaient présente dans une plante sauvage, le gaillet, qu'ils appelaient l'« herbe de Frigg ».

Gaillet

◀ Freya
La sœur de Frey, Freya, la déesse la plus populaire, était principalement vénérée pour sa beauté et son pouvoir de séduction, certains récits faisant état de ses multiples amants. Elle avait aussi un aspect sombre, accompagnant Odin au combat et faisant de nombreuses victimes. On lui attribuait un époux, Od, qui la quitta. Elle serait partie à sa recherche dans un char tiré par deux chats.

◀ Odin
Le dieu Odin, roi des divinités scandinaves, avait d'innombrables adeptes. Son trône, Hlidskjalf, se situait à Asgard, l'un des neuf mondes du cosmos scandinave. Dieu de la Guerre, de la Sagesse, de la Poésie et de la Mort, il était le père de la plupart des dieux, et il créa les premiers hommes avec ses frères Vili et Vé. Les prêtres d'Odin portaient des épées et des lances cérémonielles, symboles de l'intervention du dieu dans les combats des hommes.

Figurine en bronze d'un prêtre d'Odin portant un casque, mise au jour dans une tombe du IXᵉ siècle dans l'Uppland, en Suède.

Pierre de Jelling

▲ Conversion au christianisme
Durant le Xᵉ siècle, sous l'influence des pays chrétiens qui les entouraient, les Vikings commencèrent à se convertir au christianisme. L'un des premiers à se faire baptiser, en 966, fut Harald Blåtand (« Dent bleue »), roi de Danemark. À Jelling, au Danemark, sur le site funéraire de ses parents, il éleva une église dans laquelle il les inhuma. Il fit graver une pierre (ci-dessus) en guise de mémorial.

▲ Site funéraire
Les Vikings croyant en l'au-delà, ils déposaient dans les tombes des objets que les défunts pouvaient utiliser dans l'autre monde. Les sépultures des hommes et des femmes de rang élevé étaient aménagées avec le plus grand soin, comme celles-ci, près d'Ålborg (Danemark), délimitées par des pierres. Ce site funéraire rassemble plus de 600 tombeaux datant du haut Moyen Âge (400-800) et de l'époque viking (800-1085).

« Le héros qui pénètre dans la demeure d'Odin ne pleure pas sa mort. »

CHANT FUNÈBRE DE LA SAGA DE RAGNARR

Navire d'Oseberg

▶ Bateau-tombe
Lorsqu'un roi ou une reine viking mourait, on l'inhumait parfois dans un navire, avec des objets personnels, voire les corps sacrifiés de ses serviteurs. L'un de ces bateaux, mis au jour à Oseberg, en Norvège, contenait les squelettes de deux femmes et certains de leurs biens, dont des traîneaux, une charrette, du mobilier et des vêtements. Le magnifique vaisseau est désormais exposé dans un musée d'Oslo. De récents travaux de recherche ont montré qu'il pouvait naviguer en haute mer.

L'animisme

▲ Les puissances de la nature
De nombreuses populations dites « primitives » croient que tous les éléments de la nature sont habités par des forces et que tous les êtres, animés ou non, ont une âme, d'où le nom d'animisme donné à cette religion. En Polynésie, les dieux, les esprits de la nature et des ancêtres sont souvent incarnés par des sculptures en bois qui sont les « véhicules » (ou demeures matérielles) de leurs âmes (ou mânes). Cette statue des îles Cook représente le dieu des Pêcheurs, protecteur des canoës. On retrouve très souvent les mêmes divinités dans les diverses sociétés océaniennes, mais sous des noms différents.

Il existe environ 250 millions d'hommes et de femmes répartis sur les continents africain, océanien et américain qui vivent selon des traditions orales très anciennes. Dans ces sociétés, tout ce qui a trait à la vie est d'ordre religieux. Leurs membres s'en remettent au monde des esprits pour obtenir aide et protection. Ces populations associent souvent l'idée de Dieu au soleil et au ciel, tout en admettant la présence terrestre de divers esprits et de dieux mineurs qui déterminent l'organisation de leur vie sociale. Les Massaïs, en Afrique orientale, honorent un dieu solaire unique ; au Nigeria, les Yorubas croient en un Grand Dieu qui règne sur d'autres divinités ayant un pouvoir moindre. Les habitants des forêts tropicales vénèrent des puissances de la nature et pratiquent le culte des ancêtres. Les rites animistes sont souvent complexes et revêtent des formes extrêmement variées suivant les ethnies.

Collier de guérisseur africain, avec diverses amulettes

▶ Sortilèges et guérison
Dans les sociétés animistes, la maladie peut venir des vivants et des morts. Si l'esprit d'un ancêtre n'a pas été assez honoré, il peut se venger ; un être vivant aussi peut jeter un sort à quelqu'un d'autre s'il s'estime offensé. Les guérisseurs se servent soit de leur pouvoir spirituel, soit de leurs connaissances médicales pour soigner leurs patients.

Sacrifice

Dès les temps les plus reculés, les hommes ont offert des sacrifices à leurs ancêtres, à leurs dieux ou aux forces de la nature afin de les remercier, de se concilier leur bienveillance ou d'apaiser leur colère. Ces sacrifices impliquent parfois la mise à mort d'animaux (généralement volailles ou bétail), mais peuvent aussi consister en privations ou en renoncements à certains plaisirs.

▲ Sanctuaire d'Oshun
Oshun, déesse des Rivières, est la principale divinité des Yorubas. Selon la légende, les dieux masculins ne sont devenus actifs qu'après sa venue. Les femmes la vénèrent lorsqu'elles souhaitent un enfant ou pour être protégées de la maladie.

Épi de maïs constituant le corps de la poupée

Poupée de fertilité, Cameroun

Poupée fabriquée à l'aide de bois, de cire d'abeille, de cuir et de perles

Poupées de fertilité, Angola

◀ La terre, source de vie
De nombreux peuples de tradition orale comptent sur les esprits et les mânes des ancêtres pour apporter le soleil, la pluie et une terre fertile indispensables à leur subsistance. On adresse aussi des prières à ces mêmes esprits pour que les femmes donnent une nombreuse descendance à leur famille. Dans certaines sociétés, les adolescentes et les jeunes femmes portent sur elles des poupées comme celles-ci afin d'être fécondes.

Fétiche kota, en bois recouvert de laiton

▲ Fétiches protecteurs

Pour certains, les reliques (objets personnels ou ossements) de personnages importants détiennent des pouvoirs. Les Kotas du Gabon conservent les crânes et les os de leurs illustres ancêtres dans des paniers placés dans des cases spéciales où on leur fait des offrandes. Ces paniers sont protégés des forces du mal par des fétiches tels que celui-ci.

« Ceux qui sont morts ne sont pas partis. »

Proverbe africain

▶ Paravent ancestral

Les ancêtres peuvent protéger et guider leurs descendants, à condition que ceux-ci les honorent de leur vivant. Chez les Kalabari du Nigeria, des paravents semblables à celui-ci ornaient les autels où l'on faisait des offrandes à l'esprit de l'ancêtre concerné. Ici, le personnage central est un commerçant prospère, encadré de ses deux fils ou de ses assistants.

Les rites sacrés

Masque rituel sandé

Les cérémonies rituelles jouent un rôle prédominant dans de nombreuses sociétés traditionnelles. Les rites de passage ou d'initiation marquent les grands moments de la vie : naissance, adolescence, mariage et mort. Les rites d'affliction ou de désolation surviennent en temps de crise, à l'occasion d'une maladie ou d'une catastrophe. Les rites se déroulent généralement en trois étapes : la séparation d'avec le passé, la phase de transition, puis l'entrée dans un nouvel état de la vie. Dans certains pays d'Afrique, par exemple, les adolescents sont souvent isolés de la communauté (donc symboliquement de leur enfance) afin de suivre un enseignement et parfois de subir des épreuves qui leur permettront ensuite de réintégrer la communauté en tant qu'adultes à part entière. Selon les sociétés, les rituels sont accomplis par des devins, des sorciers, des chamanes ou des guérisseurs.

▲ Danse des funérailles
Les cérémonies funéraires sont très importantes dans la plupart des ethnies africaines. Chez les Dogons, au Mali, les funérailles s'accompagnent de grandes danses masquées et de chants en langage secret. Ce rituel retrace le mythe de l'apparition de la mort sur terre (due à la désobéissance de jeunes hommes). Les masques Awa permettent aussi de maintenir la tradition des autres mythes populaires dogons. Les danseurs portent des pagnes rouges, couleur symbolique de la mort.

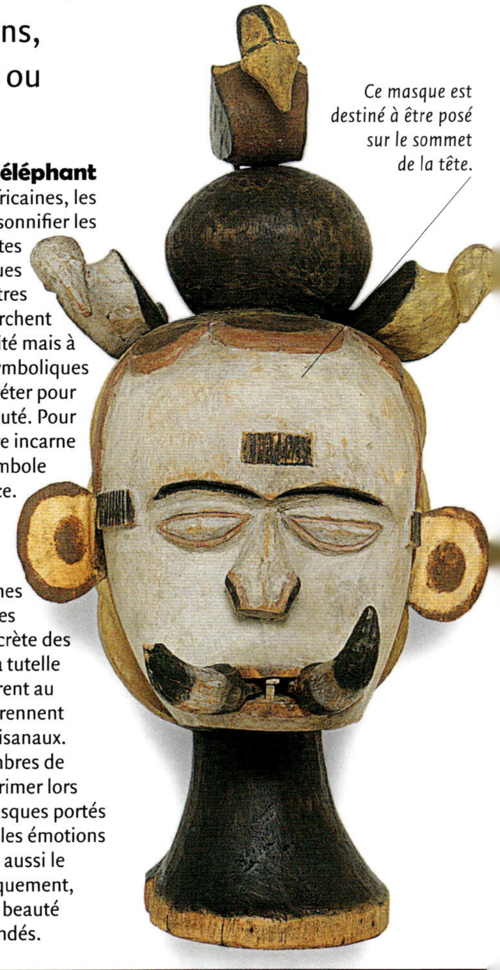

Ce masque est destiné à être posé sur le sommet de la tête.

► L'esprit de l'éléphant
Pour de nombreuses ethnies africaines, les masques permettent de personnifier les esprits invoqués lors des différentes cérémonies. Certains masques sont des effigies humaines, d'autres représentent des animaux. Ils ne cherchent pas à reproduire fidèlement la réalité mais à exprimer des valeurs culturelles et symboliques que les chefs spirituels savent interpréter pour les autres membres de la communauté. Pour les Ibos du Nigeria, le masque ci-contre incarne l'esprit de l'éléphant, également symbole de laideur et de violence.

◄ Masque rituel
Chez les Mendés d'Afrique occidentale au Liberia, les jeunes filles d'âge pubère sont admises au sein des Sandés, société secrète des femmes de leur ethnie. Sous la tutelle de leurs aînées, elles se préparent au mariage, à la maternité et apprennent divers travaux ménagers et artisanaux. Durant leur initiation, les membres de la communauté peuvent s'exprimer lors d'une danse collective. Les masques portés à cette occasion matérialisent les émotions et les qualités féminines, mais aussi le pouvoir des femmes. Symboliquement, ils incarnent aussi l'idéal de la beauté féminine selon les critères mendés.

« Entre la religion
et le reste de la vie,
il n'y a pas de distinction.
Toute la vie est religieuse. »

Adage africain

◄ Masque rituel initiatique
Les masques sont parfois à l'effigie d'illustres ancêtres. Ce masque d'initiation provient du royaume de Kouba, fondé au XVIIe siècle au Zaïre. Il représente le fils du premier roi divin. Les masques jouent un grand rôle dans les cérémonies rituelles. Certains personnifient des esprits. Les chefs les portent afin de faire respecter la discipline.

▲ Esprits et guérison
Dans les sociétés dites « primitives », toutes les forces, bénéfiques ou néfastes, qui interviennent dans la vie des hommes viennent des esprits. C'est ainsi qu'il existe un esprit de la technologie, telle que l'automobile, et un esprit pour chaque maladie. La figurine ci-dessus personnifie l'esprit de la variole, que les Yorubas invoquent pour obtenir protection ou guérison.

Les masques rituels sont très souvent ornés de cauris, coquillages symbolisant la fécondité.

► Invoquer les esprits
Pour les Indiens d'Amérique du Nord et chez certains peuples d'Asie, les chamans sont les personnes qui peuvent entrer en contact avec le monde des esprits. Ce masque chamanique, originaire d'Alaska, était porté lors de différentes fêtes et pour les rituels de guérison et de divination

Disque solaire entouré de quatre visages, chacun encadré par deux mains ouvertes

À l'origine, les cerceaux de bois qui encadrent ce masque étaient entièrement recouverts de fourrure.

▲ La fête de l'hiver
Lors de la cérémonie de l'hiver, les Bella Coola (au nord du Canada) exécutaient des danses enseignées par les esprits du ciel. À cette occasion, les danseurs portaient des masques personnifiant les esprits et, par une gestuelle très théâtrale, ils faisaient revivre les mythes fondamentaux des croyances de leur peuple. Ce masque de forme sphérique représente l'esprit du soleil.

▲ La syllabe sacrée
Om ou aum est le son primordial par excellence. En Inde, on dit le om ou on le chante au début et à la fin de toutes les prières.

Être hindou

Être un hindou, c'est naître hindou. Le mot hindou dérive du vieux mot persan *hind*, l'Inde, et l'hindouisme se réfère à la religion des différents peuples de l'Inde. Celle-là n'a ni fondateur ni croyance et a évolué au cours des âges. On peut la comparer à une grande et profonde rivière dans laquelle se sont jetés plusieurs cours d'eau, depuis plus de trois mille ans. Ces cours d'eau représentent les croyances et les pratiques de nombreux groupes ethniques, ainsi que les diverses cultures indiennes. Les hindous sont monothéistes et croient qu'un principe divin unique sous-tend l'univers : ils l'appellent Brahma ou l'Absolu, le créateur de l'univers. Celui-ci présente aussi deux autres aspects : Vishnou et Shiva. Il y a donc une trinité sacrée ou *Trimurti* composée de Brahma, créateur de l'univers, de Vishnou, son protecteur, et de Shiva, son destructeur mais aussi son régénérateur. Les hindous croient à la réincarnation, selon laquelle l'âme individuelle s'incarne plusieurs fois au cours de son périple sur terre, chaque fois dans un corps ou « enveloppe » différent. Lorsque quelqu'un s'est montré bon dans une existence, il obtient une meilleure naissance et de meilleures conditions d'existence dans sa nouvelle vie.

▲ Vishnou, le protecteur de l'univers
La face tranquille de Vishnou révèle sa complétude : il contient en lui-même, dans un parfait équilibre, le bien et le mal et toutes les forces opposées. Sa tâche essentielle, en tant que protecteur, consiste à maintenir l'ordre divin de l'univers et l'équilibre entre les forces du bien et du mal. Quand le mal menace de triompher, Vishnou descend sur terre pour rétablir l'ordre, sous forme d'une de ses incarnations ou « avatars ». Nous en connaissons dix dont les deux plus connues sont Krishna et Rama. On désigne souvent Vishnou sous l'expression l'« Océan infini de l'Univers ».

► Brahma, le créateur
Sa tâche essentielle, c'est la création de l'univers. À l'inverse de Vishnou et Shiva, il ne contient pas en lui-même de forces opposées et ne détruit donc jamais ce qu'il a créé. Selon une tradition, il serait sorti de l'« œuf de l'univers ». Il n'avait qu'une seule tête à l'origine mais il en a acquis trois autres quand il a créé la femme. En effet, après l'avoir façonnée à l'aide d'une partie de son propre corps, il en est tombé amoureux mais, comme elle se cachait de lui, il a développé trois nouvelles têtes, à droite, à gauche et derrière lui, de façon à ne pas la quitter du regard.

Brahma possède quatre têtes ; cette sculpture n'en montre que trois.

Ces visages plus petits représentent deux des quatre Veda (les textes sacrés les plus anciens).

Hindouisme

Dieux hindous
Brahma, Vishnou, Shiva, Saraswati, Kali, Krishna et bien d'autres

Croyances
Réincarnation

Textes sacrés hindous
Les *Veda*, les Upanishads, les Puranas et la *Bhagavad-Gîta*

Jours sacrés dans le calendrier hindou
Deepavali : fête des Lumières de la nouvelle année
Holi : fête du printemps
Shiva ratri : nuit de la fête de Shiva

Animal sacré
La vache est le symbole de la fécondité.

« L'hindouisme est davantage un mode de vie qu'une série de croyances. »

S. Radhakrishnan
ancien président de l'Inde

▲ Shiva, le seigneur de la danse cosmique

Shiva est à la fois le destructeur et le recréateur de l'univers. On le représente sous de multiples formes. Ici, il est Nataraja, seigneur de la danse cosmique et, en tant que tel, il mène un cycle de vie à son terme avant d'en engendrer un nouveau. Cette statue illustre une légende selon laquelle Shiva aurait réduit en son pouvoir 10 000 hérétiques (ou non-croyants) en dansant sur le démon de l'ignorance.

Dieux et héros hindous

Les textes sacrés hindous rapportent les aventures de nombreux dieux et héros. Les *Veda* mentionnent Agni, dieu du Feu et des Rituels ; Indra, dieu de la Guerre céleste ; et Varuna, dieu d'un ordre cosmique. Les deux grandes épopées hindoues, le *Ramayana* et le *Mahabharata*, développent leurs récits autour de Rama et de Krishna, les plus populaires des dix avatars de Vishnou. Dans le *Mahabharata* se trouve la *Bhagavad-Gîta* (le *Chant du Seigneur*). Ce poème est un dialogue entre le guerrier Arjuna et son conducteur de char, Krishna. Alors qu'ils s'apprêtent à affronter leurs cousins Kauravas, Krishna encourage Arjuna par un discours sur la nécessité et le sens de l'action. Les deux armées sont les Pandavas et les Kauravas – issus du clan des Kurus – et symbolisent les puissances du bien et du mal qui s'affrontent dans chaque individu.

▲ Prière dans le Gange
Le Gange est le fleuve sacré des hindous. Il est le symbole de la vie qui s'écoule à l'infini. La cité de Bénarès, construite sur ses rives, est un haut lieu de pèlerinage. On vient de toute l'Inde pour s'y baigner et se purifier. Le vœu de tout hindou est que ses cendres y soient jetées après sa mort.

Matsya, poisson et premier avatar de Vishnou, sauve l'humanité d'un grand déluge.

Narasimha, l'homme-lion, et quatrième avatar de Vishnou, détruit les démons.

Kalki, le dixième avatar, est encore à venir. Il est représenté par un cavalier et son cheval blanc.

Le teint ordinaire de Krishna est bleu sombre.

La flûte est l'instrument de musique des bergers, parmi lesquels Krishna passa son enfance et ses jeunes années.

Krishna se tient debout sur la fleur de lotus, qui symbolise la pureté et la fertilité.

◀ L'avatar Krishna
Les histoires que l'on raconte au sujet de Krishna, huitième avatar de Vishnou, sont parmi les plus vivantes de la mythologie hindoue. On les trouve dans les derniers livres des Puranas de même que dans le *Mahabharata* où Krishna figure le cocher du guerrier Arjuna. Comme les démons menaçaient de détruire les dieux, Vishnou, à la demande de ceux-ci, décida de descendre sur terre (*avatara* signifie en sanskrit « descente ») pour rétablir le bien en danger. Il prit la forme de Krishna. En apprenant la nouvelle de la naissance de ce nouveau messie, le roi-démon, Kamsa, tenta de tuer le nouveau-né ; mais Krishna fut recueilli et adopté par une simple femme, Yashoda, et son époux berger, Vasudeva. D'innombrables histoires racontent les espiègleries de l'enfant Krishna, ses aventures d'adolescent et, plus tard, ses batailles contre les démons.

Dans cette sculpture en ivoire merveilleusement ciselée, Durga tue le démon à tête de buffle, Mahisha.

La déesse Durga tient dans chacune de ses dix mains une arme particulière, emblème de son pouvoir divin.

▶ La déesse Durga
Durga (également connue sous le nom de Kali et Parvati) est l'une des nombreuses formes assumées par Mahadevi Shakti, l'épouse de Shiva. C'est une guerrière qui se bat contre les démons qui représentent les passions humaines les plus viles. L'adoration (ou le culte) de la déesse Durga donne lieu à de nombreux festivals hindous qui sont parmi les plus renommés.

Cette miniature représente Rama et Sita assis l'un près de l'autre, tandis que Lakshmana, le frère dévoué de Rama, se tient debout derrière eux.

Hanuman, le singe divin et le loyal allié de Rama, se tient à ses pieds en signe de dévotion.

◀ L'avatar Rama

Rama, septième avatar de Vishnou, incarne le Bien descendu sur terre. Avec son épouse Sita, ils représentent le couple idéal : Rama est le modèle du mari dévoué et Sita celui de l'épouse chaste et fidèle. Rama est aussi vertueux et respecté, doué de pouvoirs divins. À la suite d'une intrigue de palais, Rama, destiné au trône, est exilé dans la forêt dans l'île de Sri Lanka pendant quatorze ans. Son frère Lakshmana et Sita l'accompagnent dans son exil. Lorsque Sita est ravie par le démon Ravana, Rama va le combattre et triomphe avec l'aide de l'armée des singes et d'Hanuman, singe-fils du dieu Vayu. Le *Ramayana* raconte leurs aventures et se termine par le couronnement du couple royal.

« Je suis le commencement, le milieu et la fin de tout ce qui existe. Parmi toutes les connaissances, je suis la connaissance de l'absolu. »

KRISHNA - BHAGAVAD-GÎTA X, 32

L'auréole qui entoure sa tête indique sa divinité.

La couronne est l'emblème de son état royal.

Ganesha tient dans sa main gauche le nœud qui détruit l'illusion.

Le sceptre décoré que Ganesha tient dans sa main droite supérieure représente la maîtrise de soi.

Ses grandes oreilles flottantes marquent la limite entre le monde de la réalité et celui de l'illusion.

Ganesha écrit de sa main droite à l'aide d'une de ses défenses coupée. On dit que c'est ainsi, sous la dictée du sage Vyasa, qu'il transcrivit l'épopée du Mahabharata.

Les modaka sont de petits gâteaux sucrés.

▶ Ganesha

Il est le fils aîné du dieu Shiva et de sa belle épouse Parvati. On raconte que Shiva, rentrant après une longue absence dans son divin séjour, et, apercevant un étranger devant sa porte, lui coupa promptement la tête. Parvati parut alors et découvrit qu'il s'agissait de leur fils. Désespéré et souhaitant à tout prix rendre la vie à son enfant, Shiva coupa la tête du premier éléphant venu et la plaça sur les épaules de son fils. C'est depuis lors, dit-on, que Ganesha a une tête d'éléphant. Il est le dieu de la Sagesse et celui qui triomphe de tous les obstacles. Dans leurs prières, les hindous lui demandent de consigner leurs requêtes afin de les présenter à Shiva.

Son ventre rebondi représente l'espace, assez vaste, dit-on, pour contenir en lui toute sagesse et toute vie.

▲ Un saint homme
Un *sadhou* est un saint homme itinérant qui ne possède rien à part les vêtements qu'il porte et ce qui est nécessaire.

Les trois voies hindoues

Le but de chaque hindou est d'atteindre *moksha* – la libération du cycle des renaissances. En allégeant peu à peu la charge de son *karma*, ou résidu laissé par ses actions passées, il s'achemine vers sa libération finale. Il existe, d'après la tradition hindoue, trois moyens d'atteindre sa libération : la voie de l'action qui consiste à observer des rites et des devoirs religieux stricts dans l'espoir de se concilier les bénédictions divines ; la connaissance, dans laquelle le chercheur essaie de trouver, grâce à la logique et à la méditation, le sens ultime de l'existence – c'est la voie des *sadhous* ; et la dévotion, la plus répandue, où le dévot essaie de réaliser l'union avec le divin à travers l'adoration d'une déité particulière. Les hindous font partie, par leur naissance, soit d'une des quatre castes soit d'aucune, ce sont alors des « hors-castes » ou intouchables, la classe sociale la plus basse. Les devoirs religieux varient selon la caste.

▲ Le mariage
Même les plus pauvres des familles hindoues n'hésitent pas à dépenser de larges sommes pour la cérémonie du mariage de leurs enfants. Les mariages sont généralement « arrangés » par les familles des jeunes gens selon leurs castes, leurs liens de parenté et leurs horoscopes.

À Sri Lanka, ce masque de bois de *naga rassa* (démon-serpent) est porté dans une danse pour éloigner les esprits malins.

▲ Le culte des serpents
En Inde, on croit que les *nagas* (serpents sacrés) ont des pouvoirs protecteurs. Ils sont les gardiens de la pureté d'un lieu et, dans la campagne indienne, de petits autels leur sont consacrés. Chaque soir, à la tombée du jour, une lampe y est allumée et des offrandes de fleurs et de nourriture sont disposées à proximité. Le dieu Vishnou est souvent représenté, allongé sur Shesha, le serpent aux sept têtes qui le protège des forces maléfiques.

▼ « Mandir »
Un temple hindou s'appelle un *mandir*. Le bâtiment lui-même représente le *Prakriti* (ou la nature de l'univers) et la déité qui y réside est le *Purusha* (ou être divin). En pénétrant dans le *mandir*, les hindous enlèvent leurs sandales car il est non seulement un lieu de prières mais un objet de culte en lui-même. Chacune de ses parties est sainte et sacrée.

Un pinacle a la forme d'une montagne et symbolise des espoirs et des ambitions d'un ordre supérieur.

On considère les temples comme la demeure terrestre des dieux.

Au cœur du sanctuaire – dans le saint des saints – le fidèle a le darshan (la vision) de la déité.

Les ouvertures ornementales du temple représentent les oreilles du corps divin.

Un porte-encens

Incarnation

De nombreuses religions croient que Dieu ou les dieux s'incarnent généralement sous une forme humaine pour venir en aide aux hommes. Dans l'hindouisme, le dieu Vishnou est descendu sur terre sous différentes formes, ou avatars. Pour le christianisme, Dieu s'est incarné en la personne de Jésus-Christ.

La fleur de lotus, symbole de pureté, de fertilité et de création, est liée à Vishnou.

Kemal **(ou porte-encens en forme de lotus) utilisé dans le *pooja* (rituel) domestique**

Statue du dieu Vishnou

Krishna et Balarama

▲ La prière

Les hindous offrent un *pooja* quotidien dans les temples et chez eux. De nombreuses familles ont une pièce réservée au culte ; certaines ont juste une image de leur déité d'élection, devant laquelle elles font brûler de l'encens et se réunissent à certaines heures pour leurs prières. Celui-ci est un petit autel dédié à Vishnou qui montre le dieu sous la protection du serpent Shesha. En bas de l'autel, on reconnaît Krishna et son frère Balarama. Le *pooja* est le rituel d'adoration d'une divinité. Dans les temples, on baigne la divinité dans un bassin ou dans la rivière proche, on la pare de guirlandes de fleurs fraîches, on applique de la pâte de santal sur son front, on brûle du camphre devant elle, on lui offre des fleurs et on se prosterne devant elle en signe de soumission.

◀ L'encens

Ce sont de minces baguettes composées de bois et de résine qui, lorsqu'on les brûle, exhalent un parfum odorant. L'usage de l'encens est une pratique très ancienne et très répandue dans les rituels divins. Il est synonyme d'offrande, de purification et de célébration.

« Donne-moi ton mental
Et donne-moi ton cœur
Donne-moi tes offrandes
Et ton adoration. »

KRISHNA, BHAGAVAD-GÎTA, IX-34

Le guerrier Arjuna

Krishna, dans son rôle de conducteur du char d'Arjuna

▶ Char et conducteur de char

Dans la *Bhagavad-Gîta*, traduit généralement en français par *le Chant du Seigneur*, un dialogue a lieu sur le champ de bataille entre le dieu Krishna et l'archer Arjuna. Cette bataille est la guerre qui oppose les forces du bien et du mal, action et inaction, connaissance et ignorance, croyance et incroyance. Krishna incite Arjuna à se battre et lui promet d'être son cocher, c'est-à-dire son guide. Vivekananda, un sage qui a vécu au début du siècle, grand réformateur de la religion hindoue, interprète ainsi cette image du char : « *Le corps lui-même est le chariot ; les cinq sens en sont les chevaux ; l'esprit, les rênes et l'intellect, le cocher. C'est ainsi que l'homme traverse l'océan de l'illusion* (maya). *S'il va au-delà, il atteint le divin... Quand un homme est le jouet de ses sens, il appartient au monde ; mais quand il a réussi à les contrôler, on dit qu'il a renoncé au monde.* »

Le bouddhisme

Siddhârtha Gautama, le fondateur du bouddhisme, vit au VIe siècle av. J.-C., dans le nord de l'Inde. Destiné à être roi, il est marié à une princesse qui lui donne un fils. Durant toute sa jeunesse, son père s'efforce de le préserver de la tristesse et de la dureté du monde extérieur. Une nuit, Gautama parvient néanmoins à se glisser hors du palais princier, et c'est alors qu'il fait « Quatre Rencontres » décisives. Il croise tout d'abord un vieillard, puis un malade grabataire et un cadavre que l'on emporte vers le lieu de la crémation. Enfin il rencontre un religieux mendiant au crâne rasé, portant un simple habit jaune, mais qui rayonne de paix et de joie. Gautama fait ensuite sa « Grande Renonciation ». Il quitte définitivement sa famille et sa vie de luxe afin de trouver une réponse aux souffrances dont il est le témoin. Pendant six ans, il cherche en vain, jusqu'au jour où il médite sous l'arbre *bodhi* (« éveil »). Là, il a une révélation – l'illumination – et devient le *Bouddha*, c'est-à-dire « l'illuminé » ou encore « l'éveillé ».

▲ La Voie aux huit étapes
La roue à huit rayons est le symbole du Noble Chemin Octuple qui est un résumé de l'enseignement du Bouddha sur la manière d'échapper à la souffrance et d'accéder à l'illumination. Les huit étapes à suivre sont: la pensée juste, la compréhension juste, la parole juste, l'action juste, les moyens d'existence justes, l'effort juste, la concentration juste et la contemplation juste.

Les yeux baissés indiquent que le bouddha est en train de méditer ; son visage est calme et serein.

► La Renonciation
La décision de Gautama de quitter la cour princière est connue sous le nom de « Grande Renonciation ». Il mène, six années durant, une vie d'ascète pour tenter de se libérer des vicissitudes de l'existence. N'ayant plus que la peau sur les os et ne parvenant toujours pas à son but, il décide alors de s'isoler pour méditer sous l'arbre *bodhi*, en bordure de la Neranjara, un affluent du Gange.

La main droite pointée vers le bas, prenant la terre à témoin de son illumination

◄ La position du lotus
Le Bouddha est souvent représenté en train de méditer, les jambes repliées dans la position dite « du lotus ». Par la méditation, les bouddhistes essaient de vider leur esprit de toute pensée perturbatrice afin d'atteindre la paix et de comprendre la véritable nature des choses.

L'auréole, une des marques du bouddhisme

▲ L'illumination
Tandis qu'il médite sous l'arbre *bodhi*, Gautama apprend les quatre « Nobles Vérités » : toute vie est souffrance, causée par le désir ; la fin du désir signifie la fin de la souffrance ; le désir peut être supprimé en suivant la Voie aux Huit Étapes appelée aussi Voie du Milieu car, en la suivant, on échappe à une vie consacrée au plaisir ou à un trop grand sacrifice de soi-même.

Bouddhisme

Un seul Dieu ?
Non, mais de nombreux êtres spirituels

La vie après la mort ?
Réincarnation – nous renaissons sans fin dans de nouveaux corps, à moins d'être parvenus au *nirvâna*.

Fondateur ?
Siddhârtha Gautama, le Bouddha (« l'éveillé ») qui vécut en Inde, entre 560 et 480 av. J.-C.

Écritures ?
Les enseignements du Bouddha

Prêtres ?
Aucun

« Cultivez l'Illumination dans un pur esprit de méditation... Vous éviterez ainsi la douleur de ce monde. »

Le Bouddha Gautama

▲ Statues du Bouddha
Ce moine bouddhiste est agenouillé devant une gigantesque statue du Bouddha. Au fur et à mesure que le bouddhisme s'est répandu, allant de l'Inde du Nord vers le reste de l'Asie, le Bouddha a été vénéré comme un dieu et les statues à son effigie se sont multipliées.

Le seigneur de la Mort tenant la roue, symbole de la vie éphémère

Les images du cercle extérieur illustrent le karma, conception de la vie humaine comme maillon d'une chaîne de vies.

Les images du cercle intérieur dépeignent les six royaumes (ou étapes) de la vie.

Le porc, le coq et le serpent représentent l'ignorance, le désir et l'orgueil, poisons responsables de la souffrance.

Le royaume des Humains : rempli d'égoïsme, d'ignorance et de désir, mais qui comporte aussi la Voie de l'Illumination.

Le Royaume des Bêtes, où prédominent l'ignorance, l'indifférence et l'instinct.

Les habitants de l'Enfer, où règnent la haine et la colère ; un Bouddha y prêche la patience et l'espoir.

Le royaume des Dieux, fiers et heureux

Le royaume des Esprits affamés : rongés par la convoitise, ils souffrent en permanence de la faim et de la soif.

Le royaume des Titans, où l'on combat sans fin poussé par l'envie.

Le Bouddha figure dans chaque royaume afin d'aider ceux qui s'y trouvent.

La roue de la vie, ou cercle éternel

▶ La roue de la vie
Selon l'enseignement du Bouddha, les hommes sont appelés à renaître, après leur mort, dans l'un des six royaumes de l'existence. Ce royaume dépend de la conduite qu'ils ont eue dans leur vie antérieure. C'est ce qu'on appelle le *karma*: la loi d'après laquelle les actions sont récompensées ou punies comme elles le méritent, la loi de cause à effet de la vie morale. Le *karma* décide donc si votre prochaine vie sera meilleure ou pire que votre vie actuelle. La quête de Gautama était d'échapper à ce cycle des renaissances successives afin d'atteindre un état de béatitude absolue connu sous le nom de *nirvâna*.

Dévotion et méditation

Moines bouddhistes devant le temple de Wat Po, en Thaïlande

Au fur et à mesure de son expansion, le bouddhisme s'est scindé en deux branches. Celles-ci sont souvent appelées « Véhicules », car la loi bouddhique – ou *dharma* – est comparée à un radeau ou à un bateau qui transporte les hommes à travers un océan de souffrances vers le *nirvâna*, un « au-delà » de salut et de béatitude. Le *theravâda* (la voie des Anciens), ou Petit Véhicule, est surtout présent en Asie du Sud-Est (Sri Lanka et Thaïlande). Il insiste sur la méditation que doivent pratiquer les moines et professe que l'homme est seul dans l'univers. Pour atteindre le *nirvâna*, il ne doit compter que sur ses efforts personnels. Le *mahâyâna* ou Grand Véhicule prédomine au Tibet, en Chine, en Corée, au Vietnam, au Laos et au Japon. Les bouddhistes du *mahâyâna* considèrent que les hommes doivent s'entraider. Ils cherchent aussi l'appui du Bouddha ou des bouddhas ultérieurs, ainsi que des bodhisattvas (presque-bouddhas qui, par compassion, ont renoncé au *nirvâna* pour aider les êtres vivants à atteindre l'éveil suprême). Le salut est à la portée de tous à travers la foi et la dévotion.

▲ Lieux de culte

Après sa mort, à l'âge de 80 ans, le Bouddha est incinéré et ses cendres réparties entre huit personnes. Elles constituent les reliques originelles qui furent déposées et vénérées dans des stûpa (grands monuments funéraires). Dans certaines régions d'Asie, les stupas sont appelés pagodes. Plus tard, des temples sont érigés pour que les fidèles puissent pratiquer leur culte en présence de statues du Bouddha et de bodhisattvas.

Le bodhisattva Avalokiteshvara, « Le seigneur qui regarde en bas »

▶ Lieux de méditation

Autour, et au sein même des deux principaux véhicules, le bouddhisme a donné naissance à de multiples écoles. L'une d'elles, le *zen* – qui tire son origine de la méditation chinoise – est très largement répandue au Japon. Elle privilégie l'enseignement du maître à l'élève. Les nombreux jardins zen que l'on trouve partout dans ce pays sont des lieux propres à la concentration et à la méditation. La méditation zen obéit à des règles strictes : il convient de s'asseoir dans le calme (*zazen*) et de se concentrer sur des énigmes sans réponse pour se libérer l'esprit).

▶ L'objet de toute dévotion

A l'origine, le Bouddha est un homme illustre et très honoré qui consacre sa vie à accomplir son propre salut et à instruire les autres. Dans le bouddhisme mahâyâna, le Bouddha a fini par être vénéré comme un être surnaturel. Sa statue trône dans les temples, souvent en compagnie d'autres bouddhas et de bodhisattvas, sages qui ont atteint l'illumination mais qui se sont arrêtés au seuil du *nirvâna* afin d'aider les autres à trouver le salut.

Le Bouddha Dipankara, « Dispensateur de lumière »

Le Bouddha Amoghasidhi, l'un des cinq « bouddhas en méditation »

Sept autres bodhisattvas

Pièce de tissu portée autour des hanches

Pièce de tissu portée sur l'épaule

Pièce de tissu portée sur le buste à l'occasion de cérémonies ou pour voyager

Ceinture

Fil et aiguille

Pierre à aiguiser

Rasoir

Passoire

▲ Accessoires d'un moine thaïlandais
Les moines bouddhistes ne possèdent pratiquement rien et vivent très simplement. Au cours de leurs dévotions quotidiennes, ils s'engagent – tout comme les simples fidèles – à respecter les cinq préceptes garants de la conduite morale : ne pas tuer, ne pas voler, ne pas céder aux convoitises de la chair, se garder du mensonge et s'abstenir de faire usage de stupéfiants.

Bol pour l'aumône

Couvercle du bol d'aumône utilisé comme assiette

« Le Bouddha est mon refuge
Le dharma est mon refuge
Le sangha est mon refuge. »

BOUDDHA GAUTAMA

Réincarnation

Croyance selon laquelle l'homme est appelé à avoir différentes vies sur terre. Après la mort, l'homme passe un certain temps dans un état désincarné avant de renaître sous une autre forme corporelle. Cette forme dépend de sa conduite antérieure (c'est la loi du *karma*). Cette croyance présente des variantes suivant la religion bouddhiste ou hindoue. Les bouddhistes préfèrent le terme de re-naissance à celui de réincarnation.

▶ Moine en méditation
Après son illumination, le Bouddha forma une communauté de moines. Depuis lors, cette communauté – appelée *sangha* – est au centre du bouddhisme. De nos jours encore, chez les bouddhistes thaïlandais, la plupart des jeunes hommes entrent au monastère, ne serait-ce que pour un mois. La méditation est très importante. Grâce à elle, les bouddhistes essaient de calmer l'esprit et son flot incessant de pensées, d'idées et de désirs pour faire place à la sérénité intérieure. C'est dans cet état de tranquillité, dit-on, que le moine prend conscience de sa condition fondamentale et accède avec le temps à l'illumination.

Mains en position de méditation

Natte de méditation

Jambes croisées en position du demi-lotus

Le bouddhisme tibétain

Le bouddhisme est introduit au Tibet au VIIIe siècle. À cette époque, le bouddhisme indien a adopté des rituels et des pratiques magiques qui provenaient d'anciennes religions populaires et qui avaient pour but d'aider les gens à parvenir au *nirvâna*. Cette branche du bouddhisme s'appuie sur des textes sacrés et secrets issus de l'hindouisme, du bouddhisme et du jaïnisme appelés *tantras*, d'où son nom de tantrisme. Elle inclut l'utilisation de diagrammes mystiques et de figures circulaires appelées *mandalas* et la récitation de *mantras*, formules que les disciples répètent. La religion qui en résulta fut un mélange de tantrisme et d'enseignements du *mahâyâna*. Au Tibet, elle a continué à se développer sous la tutelle de chefs spirituels, ou *lamas*. Ils appartiennent à différents groupes ou écoles. Celles-ci sont installées dans de nombreux et puissants monastères. Leurs idées et leurs pratiques diffèrent, mais elles cohabitent en harmonie. Le *lama* guide l'esprit d'un mourant pendant le temps qui s'écoule entre la mort et la renaissance. Il passe de nombreuses années s'instruire et à méditer pour accéder à la sagesse suprême.

▲ Au-delà des frontières tibétaines
Le bouddhisme tibétain a connu depuis peu un essor grandissant à travers le monde. Tibétains et bouddhistes de différentes traditions, tels ces moines en procession, sont heureux de partager leur expérience et leur sagesse.

Vairochana, le plus important des Bouddhas méditants, parfait la connaissance

Ratnasambhava, « l'Embellisseur », parfait bonté et beauté.

Vajrasattva, «le Permanent », parfait la sagesse.

Amitabha, ou « Compassion infinie », parfait le discours.

Amoghasiddhi, le « Conquérant tout-puissant », parfait l'action.

▲ Les cinq Bouddhas
Coiffe rituelle de lama tibétain représentant les « Bouddhas en méditation ». D'après le *Livre des morts tibétain*, ces Bouddhas demeurent dans les paradis célestes. Chacun personnifie un aspect de l'« Etre Divin », l'ultime réalité ou la sagesse. Lorsqu'ils rencontrent l'esprit d'un mort, le degré d'illumination de cet esprit détermine la forme de sa renaissance.

Le démon est représenté tirant la langue, avec des yeux étincelants de fureur et des défenses protubérantes.

◀ Protection rituelle
Dans la mythologie indienne, le dieu Shiva crée un démon qui sera la force suprême capable de détruire l'univers. Ce démon au faciès grotesque – ou « Face de gloire » – figure souvent dans les temples de Shiva, en tant que fétiche protecteur. Cette amulette rituelle est une variante tibétaine du symbole indien. On la porte pour se protéger et pour terrifier les démons.

▲ La vénération des reliques
Peu de temps après la mort du Bouddha, les disciples commencent à rassembler les restes des corps et les objets ayant appartenu à de saintes personnes afin de les vénérer comme reliques (objets sacrés). Ces trois médaillons à l'effigie du Bouddha ont été modelés à partir des cendres d'un *lama*. Après l'incinération d'un *lama*, ses cendres sont recueillies, mélangées avec de l'argile puis façonnées et placées dans des coffrets ou dans des châsses.

Les bodhisattva ont des corps gracieux. Ils portent de longues robes, sont parés de bijoux et tiennent des objets religieux.

Les mains tiennent les objets qui illustrent les vérités bouddhiques.

Cet Avalokiteshvara se tient debout sur une fleur de lotus reposant sur un jet d'eau tourbillonnant.

Cette statue en bronze doré date du XVIIIe siècle.

▶ La compassion du bodhisattva
Selon la légende, Avalokiteshvara – le bodhisattva de la Compassion – avait fait vœu de sauver tous les êtres doués de conscience. Mais, dépassé par sa tâche, sa tête s'est brisée en mille morceaux. De nouveau réunis, ces morceaux formèrent alors onze têtes regardant dans toutes les directions. Grâce à elles et à ses mille bras, il n'existe pas d'endroit inaccessible à son amour et à sa pitié. En Chine, ce bodhisattva a pour nom Kuan Yin et au Japon Kwannon, déesse de l'Amour et de la Pitié. Au Tibet, il s'est réincarné en la personne du dalaï-lama, qui est en exil à l'heure actuelle mais qui demeure le personnage tibétain le plus important, aussi bien dans le domaine spirituel que politique.

▶ Moulin à prière
Il renferme un *mantra*, c'est-à-dire une prière ou un chant que l'on répète à plusieurs reprises. Chaque tour de roue correspond à une prière et augmente le mérite du récitant. Le *mantra* ci-contre se traduit généralement par « *Salut au diamant dans le lotus* ». Il s'adresse à Avalokiteshvara.

Chaîne actionnant le moulin

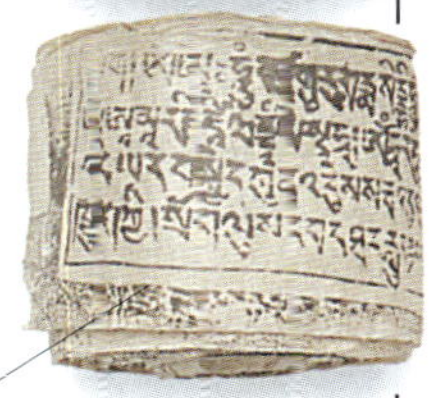

Mantra roulé à l'intérieur du moulin

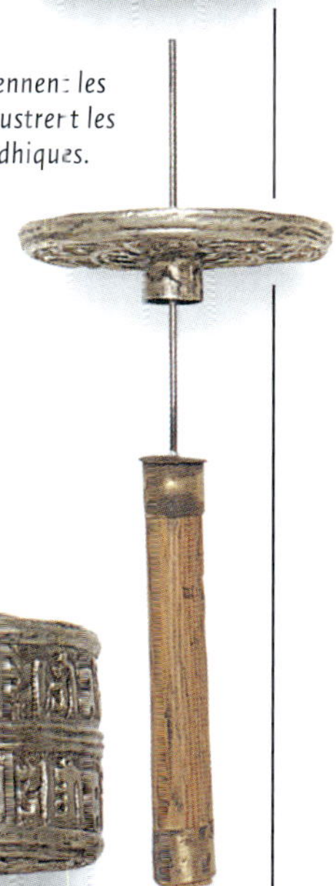

Quand on actionne la roue, le moulin se met en mouvement.

« Lorsque la respiration a cessé… l'initié connaîtra la claire lumière de la condition naturelle. »

Livre des morts tibétain, 1.1

▲ Jeunes lamas
Le bouddhisme a une très forte influence spirituelle et morale sur les Tibétains, bien qu'elle ait diminué depuis le début de l'occupation par la Chine communiste, en 1950. Les monastères ont été détruits mais beaucoup de gens pratiquent encore leur culte et un fort mouvement de solidarité anime les réfugiés. Ici, de jeunes lamas soufflent dans des cornes ; cela fait partie du rituel monastique.

Le taoïsme

Les taoïstes croient en un principe d'ordre qui fait l'unité de l'univers. Ce principe a pour nom « tao », ce qui signifie le « véritable chemin qui mène au ciel ». Suivre le tao, c'est suivre la voie de la nature dans son entier. On l'appelle aussi parfois la « voie du cours d'eau » car l'eau peut être considérée comme l'image du tao à l'œuvre : elle est douce et souple, coule sans effort et se faufile dans les moindres recoins, mais c'est aussi l'élément le plus puissant, car elle nourrit toute forme de vie. Il existe un taoïsme religieux populaire et un taoïsme philosophique. Les adeptes du taoïsme philosophique sont plutôt mystiques et pacifiques. En apaisant leur moi intérieur et en contrôlant leurs sens et leurs désirs, ils parviennent à saisir le sens profond du tao et à vivre en unité et en harmonie avec lui. Le taoïsme populaire est différent. Il comprend de nombreuses divinités et êtres spirituels que les croyants cherchent à se concilier, ainsi que de redoutables démons dont il faut se protéger. Ses adeptes ont recours à la magie et à divers rituels pour pouvoir utiliser le « tö » (vertu ou pouvoir) dans l'espoir de devenir immortels.

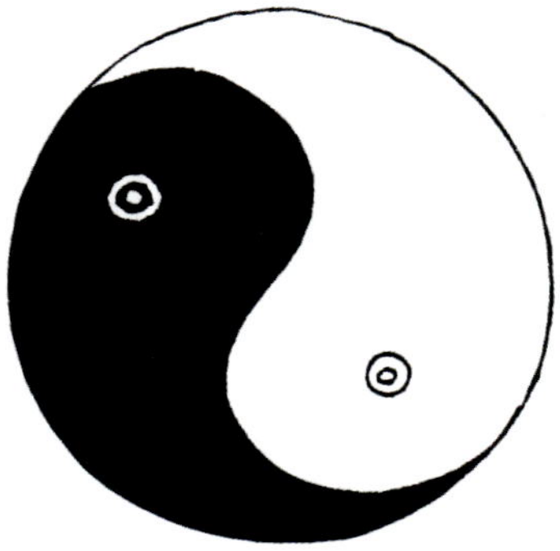

▲ Le yin et le yang
Ce symbole représente les deux moitiés du tao, opposées et complémentaires. Les taoïstes divisent la nature en yin – le côté sombre, féminin, passif et tendre – et en yang – le côté clair, masculin, actif et dur.

◀ Le fondateur
D'après la tradition taoïste, Lao-tseu vécut en Chine centrale au VIe siècle av. J.-C., à la même époque que Confucius, qu'il aurait rencontré étant jeune. Lao-tseu aurait occupé un poste d'historien astrologue à la cour sous la dynastie des Zhou. Plus tard, lassé de la décadence de la cour, il serait parti en voyage au Tibet. À la frontière, on aurait accepté de le laisser passer à condition qu'il laisse un recueil de ses enseignements. En trois jours, Lao-tseu aurait rédigé le *Tao-tö-king* (ou *Daodejing*), le plus important des écrits taoïstes. Après avoir remis ces textes, il aurait disparu sur un buffle et vécu plus de deux cents ans.

Lou Toung-pin résista à une série de tentations et reçut une épée magique avec laquelle il tua des dragons et combattit le mal.

Li Ti'eh-kuai avait l'habitude de rendre visite en esprit à Lao-tseu dans les régions célestes. L'une de ses visites dura si longtemps qu'à son retour, il ne retrouva plus son corps et dut se réincarner en un mendiant boiteux.

Ho Hsien-kou vivait de poudre de nacre et de rayons de lune ; son emblème est le lotus.

Ts'ao Kuo-chiou, patron du théâtre, porte la coiffure et le costume officiels de la cour. Il tient dans une main son emblème : une paire de castagnettes.

▶ Les Huit Immortels
Les Huit Immortels sont des êtres légendaires qui ont atteint l'immortalité en observant le principe du tao. On raconte qu'ils ont vécu sur terre à différentes époques et chacun représente une condition sociale et humaine particulière : pauvreté, prospérité, aristocratie, gens du peuple, maturité, jeunesse, masculinité et féminité. Ils sont ici accompagnés de Si Wang Mu, un être fabuleux qui a le pouvoir de distribuer les fruits d'immortalité qui poussent à l'ouest, sur les pêchers du Genii, près du lac des Pierres précieuses.

◀ La grue légendaire
Traditionnellement, les Chinois ont toujours porté beaucoup d'intérêt à tout ce qui se rapporte à la mort, à l'immortalité et aux ancêtres. C'est pourquoi les funérailles et les rituels qui les entourent sont très importants. Une grue en papier est souvent en tête de la procession funéraire des prêtres (qui véhiculent ici leur abbé dans une chaise à porteur). La grue est un symbole d'immortalité. Lorsqu'on la brûle à l'issue de la cérémonie, l'âme du défunt s'envole sur son dos vers les cieux.

*« Tout être porte sur son dos l'obscurité
et serre dans ses bras la lumière :
Le souffle indifférencié constitue
son harmonie. »*

TAO-TÖ-KING, XLII

Chang Kuo-lao, magicien capable de se rendre invisible

L'être magique Si Wang Mu – ici représenté en homme – apparaît plus fréquemment sous une forme féminine.

Han Hsiang-tzu est le patron des magiciens. Il a pour emblème une flûte.

Chung-li Ch'uan tient l'éventail avec lequel il ranime l'âme des morts.

Lan Ts'ai-ho, patron des fleuristes, portant son emblème : un panier de fleurs

▲ Dieu de la Longévité
Les Chinois considèrent qu'une longue vie est une bénédiction. C'est pourquoi Chou-lai, dieu de la Longévité est très populaire. Il est souvent représenté soit seul, soit en compagnie des Huit Immortels, et de diverses manières : gravures sur bois ou sur pierre, statuettes de bronze, porcelaines peintes ou broderies. On le reconnaît facilement à sa taille, son front proéminent et son crâne chauve.

▲ Le pouvoir du rituel
Le taoïsme populaire s'appuie sur des pratiques religieuses quotidiennes. Quelle que soit la philosophie officielle, les Chinois croient en ces dieux personnels ou en des esprits individualisés à qui ils demandent assistance. Ici, un prêtre brûle de l'encens lors d'une cérémonie publique où l'on peut accéder au pouvoir (tö) grâce à la magie et au rituel. La fonction des prêtres est de soulager les malades en chassant les mauvais esprits.

▲ Confucius
Confucius ou Kong fou-tseu (552-479 av. J.-C.) est le premier grand philosophe chinois. Son nom signifie « maître Kong ». La légende raconte qu'à sa naissance, on lui aurait prédit qu'il serait un « roi sans couronne ». Ses enseignements ont été recueillis par ses disciples dans *Chunqui* (*Les Printemps et les Automnes*).

Le confucianisme

Le confucianisme est plus une façon de vivre, un code moral, qu'une religion. Suivant les préceptes de leur maître Confucius, les confucéens sont par ailleurs libres de croire ou non en un dieu. Confucius insiste surtout sur l'importance du « *yi* », qui signifie conduite juste ou ordonnée. Il enseigne à ses disciples comment devenir des « hommes de bien ». Un « homme de bien » doit toujours se montrer courtois, loyal et respectueux envers ses supérieurs, et bon avec les gens de modeste condition. Il doit également pratiquer la « piété filiale », c'est-à-dire respecter et prendre soin de ses parents. Dans cette logique, Confucius voulait rétablir l'ancien culte de vénération des ancêtres. Il souhaitait faire régner l'ordre et l'harmonie dans la société en demandant à chacun d'accomplir son devoir, tout en précisant bien qu'il est absurde de vénérer Dieu et d'honorer ses ancêtres si l'on ne se met pas avant tout au service de son prochain.

▲ Les Trois Voies
La Chine est le pays des « Trois Voies » – confucianisme, taoïsme et bouddhisme – qui ont joué un rôle majeur dans la vie et la pensée chinoises pendant plus de deux mille ans. Le confucianisme met l'accent sur l'ordre et le respect, le taoïsme définit une compréhension mystique du monde et le bouddhisme offre la voie du salut par la compassion et la dévotion. Au cours de leur essor, ces trois doctrines ont fusionné tout en intégrant la vieille religion populaire chinoise qui est centrée sur la famille et le foyer. La peinture ci-dessus est une allégorie de cette fusion ; on y voit conjointement représentés les fondateurs des « Trois Voies » : Bouddha (à gauche), Confucius (au centre) et Lao-tseu (à droite).

▼ Cérémonie en l'honneur de Confucius
Confucius n'essaya pas de fonder une religion mais d'enseigner un mode de vie basé sur des règles de bonne conduite sociale. Cependant, après sa mort, on construisit des temples en son honneur et le confucianisme devint la religion d'État en Chine.

Temple moderne de Confucius à Taipei (Taiwan)

Prêtres célébrant le jour de Confucius

On suspendait cette cloche à un anneau pour qu'elle tinte mieux.

Grande cloche en bronze que l'on frappait comme un gong.

◀ La musique de l'esprit
Pour les Chinois, le son des cloches est une musique princière, symbole de l'harmonie universelle : elle apaise l'esprit et rend la pensée plus claire. On raconte qu'en écoutant des carillons rituels, Confucius pouvait se passer de tout confort matériel et vivre uniquement d'eau et de riz pendant trois mois.

« Ce que tu ne veux pas qu'on te fasse, ne le fais pas à autrui. »

Version confucéenne de la Règle d'or

▶ Figurines protectrices
Suivant l'ancienne coutume, on disposait des statues figurant les esprits chargés de repousser le mal auprès des tombes, en haut et au coin des toits des grands édifices chinois. Cette statue provient d'une tombe de la dynastie Tang, qui régna en Chine de 618 à 907.

Les divinités tutélaires (protectrices) prennent souvent l'apparence d'animaux féroces afin de repousser les esprits malfaisants.

Statue polychrome présente sur les édifices et les tombeaux

Les caractéristiques des ancêtres, ainsi que leur date de naissance et de décès sont inscrites sur des tablettes.

◀ Tablettes des ancêtres
Selon la religion populaire chinoise, les ancêtres continuent à vivre sous forme d'esprits à qui l'on doit offrir des sacrifices. Ainsi, lorsqu'un parent est enterré, on emporte jusqu'à sa tombe une petite tablette en pierre, que l'on rapporte ensuite chez soi pour la placer sur un autel.

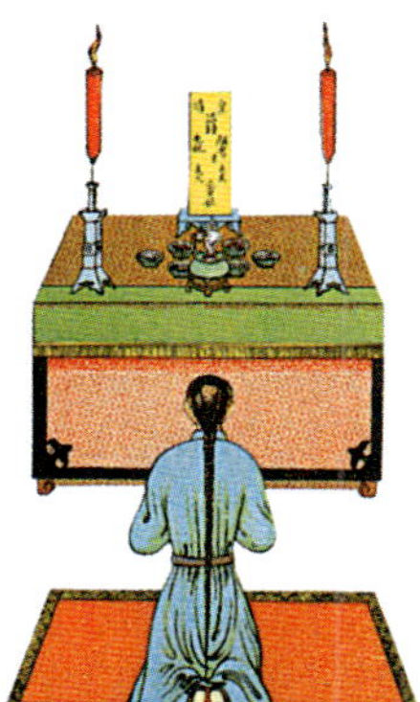

Cet homme honore ses ancêtres. Il a déposé des offrandes devant leurs tablettes afin d'obtenir leur estime et leur protection.

▲ Objets funéraires
On plaçait divers objets dans les tombes, telle cette épicerie miniature, pour subvenir aux besoins du défunt dans l'au-delà. Les descendants se réunissaient une fois par an à l'entrée du tombeau pour y accomplir la cérémonie du culte des ancêtres.

Le shintoïsme

▲ Les portiques sacrés
On accède aux temples shintô par des portiques appelés *torii*. Certains sites, tels les espaces sacrés entre des arbres ou des rochers, forment à eux seuls des sanctuaires naturels devant lesquels on a donc édifié des *torii*. Le grand *torii* rouge du célèbre temple Itsukushima de l'île de Miyajima se trouve dans les eaux de la mer Intérieure. Il offre l'une des plus belles vues du Japon.

Le shintoïsme est la religion la plus ancienne du Japon. Shintô signifie « la Voie des dieux ». C'est une religion de la nature, fondée sur les *kami* – divinités ou esprits qui concentrent en eux les forces naturelles. Les mers, les montagnes, les animaux et les plantes sont ainsi des *kami*. Certains ancêtres peuvent également être déifiés. Il existerait quelque huit millions de *kami* vénérés à travers tout le Japon dans des sanctuaires nationaux, locaux ou familiaux. La nature elle-même est considérée comme divine. Elle inspire à la fois un sentiment de crainte et d'émerveillement. Les sanctuaires les plus importants sont liés à des sites naturels d'une grande beauté : sur des montagnes, au cœur des forêts ou au bord de la mer.

▲ Divinités Shintô
Les *kami* sont rarement vénérés sous forme de statues personnifiées, à l'exception de Nakatsu-hime, déesse du « Pays aux Huit Îles juste en dessous du paradis ». Dans certains cultes, on la considère comme l'incarnation du boddhisattva Avalokiteshvara appelé Kannon au Japon.

Le dieu de la Force s'approche de la grotte pour faire sortir la déesse du Soleil.

Après avoir accroché un miroir et des bijoux sur l'arbre du paradis, les dieux jouent de la musique et dansent pour attirer l'attention d'Amaterasu.

▲ Amaterasu, déesse du soleil
La déesse du Soleil, Amaterasu Omikami, est la divinité suprême du shintô. Le temple qui lui est consacré à Ise est le plus populaire du Japon. Selon le mythe, son frère Susanoo, le dieu de la Tempête, la rendit si furieuse qu'elle s'enferma dans une grotte, privant ainsi le monde de lumière et de chaleur. Pour la persuader de sortir, les autres dieux attisèrent sa curiosité en plaçant près de l'entrée un miroir et des bijoux. Puis ils se mirent à rire et à danser. Fort intriguée, Amaterasu risqua un œil au-dehors et tandis qu'elle contemplait, fascinée, sa propre image dans le miroir, les dieux la tirèrent à l'extérieur. Depuis lors, l'aube vient toujours après la nuit.

◀ Le mont Fuji
Depuis les temps les plus reculés, les montagnes sont considérées comme les lieux de résidence privilégiés des dieux. L'art shintô s'inspire souvent de ces montagnes sacrées – tel le Fuji-Yama – ainsi que des sanctuaires et des divers thèmes ayant trait au culte. Il reflète aussi la longue interaction entre le bouddhisme et le shintoïsme.

Le sacré

Ce qui est sacré est séparé, différent ; il s'agit de quelque chose « d'autre » situé bien au-delà du monde ordinaire. Des êtres ou des lieux peuvent être sacrés. Lorsque nous appréhendons le sacré, nous éprouvons un sentiment de crainte et d'émerveillement, de grâce, de paix ou encore de « plénitude ». La notion de « sacré » ou de « sainteté » se réfère également à la perfection morale et spirituelle.

▲ Shintoïsme et bouddhisme

Le shintô est plus une religion d'expérience qu'une doctrine (ensemble de croyances établies) ; c'est pourquoi il s'est facilement mêlé au bouddhisme lorsque celui-ci s'est introduit au Japon au VIe siècle. Les *kami* ont souvent été assimilés à des manifestations locales de bouddha et de boddhisattva, et des temples bouddhistes se sont installés à côté, voire à l'intérieur même des sanctuaires shintô. Aujourd'hui encore, les moines bouddhistes (photo ci-contre) prennent part aux grandes fêtes shintô.

▶ Fêtes rituelles

Les fêtes tiennent une place importante dans la pratique shintoïste. Ce sont des moments privilégiés où tous les fidèles d'un sanctuaire se réunissent. La fête de Gion, l'une des plus grandes manifestations shintô, est célébrée depuis le XVIe siècle. Les habitants de Kyoto défilent dans les rues en poussant de grands chars magnifiquement décorés. Ce jeune garçon rend hommage à son dieu local.

Jeune garçon participant à la fête de Gion

Maillet servant à exaucer les vœux

Daikoku, l'un des sept dieux de la Fortune

Le rat, serviteur du dieu Daikoku

Sac de riz

▶ Les sept dieux

Les sept dieux de la Fortune ou de la Chance étaient à l'origine des divinités bouddhiques. Vénérés également dans le shintoïsme, ils sont un autre exemple de la fusion qui s'est opérée entre les deux religions. Daikoku est le dieu de la Richesse et le patron des fermiers. Il est souvent accompagné de son fils, Ebisu, dieu du Travail honnête. Daikoku est généralement représenté assis sur un sac de riz, une musette pleine de bijoux sur l'épaule, un disque solaire doré sur la poitrine et tenant un maillet avec lequel il exauce les vœux. Son serviteur est un rat qui dérobe parfois quelques grains de riz. Mais comme Daikoku est riche, il n'en prend pas ombrage et ne se départit jamais de sa bonne humeur. On dit aussi qu'il aime beaucoup les enfants.

« Partout où "l'énergie" de l'univers atteint une intensité particulière en se révélant par la beauté, la puissance ou le miracle, alors l'ultime devient apparent : il y a un kami. »

FOSCO MARAINI

Le jaïnisme, le respect de la vie

Le jaïnisme est une religion indienne très ancienne qui prône l'ascétisme le plus rigoureux. Sa principale caractéristique est l'*ahimsa* : la non-violence et le respect de la vie sous toutes ses formes. Cette doctrine a influencé de nombreux non-jaïns, dont le Mahatma Gandhi. Ses adeptes – les jaïns ou jaina – croient que l'univers n'a ni début ni fin ; il n'y a pas de dieu créateur. L'univers passe par un nombre infini de cycles cosmiques. Chacun d'eux est divisé en périodes d'ascendance et de descendance pendant lesquelles la civilisation prospère, puis décline. Les *Tirthankaras*, ou « Passeurs », apparaissent à différentes époques. Les jaina en reconnaissent vingt-quatre. Ce sont des maîtres légendaires qui ont atteint la sagesse parfaite après avoir maîtrisé leurs passions et leurs désirs, et qui aident les fidèles à traverser la « rivière de la transmigration » (le voyage de l'âme d'une vie à une autre). Le dernier *Tirthankara* de l'ère actuelle fut Mahavira, fondateur du jaïnisme. Les *Tirthankaras* sont qualifiés de *jinas* « victorieux », épithète dont le jaïnisme tire son nom.

▲ Le dernier « Tirthankara »
Vardhamana Mahavira fut le vingt-quatrième et dernier *Tirthankara*. Il naquit en Inde vers 540 av. J.-C. et fut élevé comme un prince. Mais, à 28 ans, il abandonna tout pour chercher à se libérer du cycle éternel de la naissance, de la mort et de la renaissance. Il se fit alors mendiant et ascète (personne qui s'impose des privations et qui mène une vie très austère). Vers l'âge de 40 ans, il parvint à l'illumination et consacra sa vie à dispenser ses croyances et à organiser la communauté des fidèles.

« La juste connaissance s'obtient en suivant le principe du jaïnisme, la juste foi s'obtient en y croyant, la juste conduite s'obtient en l'appliquant. »

Les « Trois Joyaux »

▶ Le détachement total
Le sanctuaire d'un temple jaïn est dominé par la statue du *Tirthankara* auquel ce temple est dédié. Elle est généralement flanquée de deux serviteurs et entourée des statues, plus petites, des vingt-trois autres *Tirthankaras*. Ici, le vingtième *Tirthankara*, détaché de toute passion, s'offre à la contemplation des jaina.

Chaque Tirthankara a son emblème. Pour celui-ci, c'est une tortue.

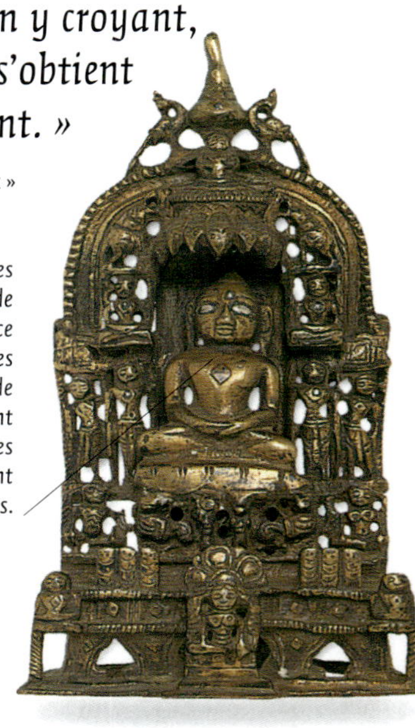

Des diamants, symboles de la perfection, de l'invincible puissance spirituelle, ou des motifs en forme de poire figurent souvent sur les statuettes des Tirthankaras. *Ce sont de bons augures.*

▲ Parshva
Parshva, le vingt-troisième *Tirthankara*, était un illustre maître indien qui vécut dans les environs de Varanasi, vers 850 av. J.-C. Il est représenté ici en compagnie de ses deux serviteurs et d'autres *Tirthankaras*. On distingue, au-dessus de sa tête, le dais formé par Ananta le « sans-fin », le cobra à sept têtes qui le protège.

Des pèlerins arrosent la statue colossale de Bahubali (Gommata-suara), datant du xe siècle (d'une vingtaine de mètres de haut), avec de l'eau et du curcuma (safran des Indes).

▲ Fêtes

Les fêtes jouent un rôle important dans la vie des jaina. Elles sont parfois très solennelles, comme celle de Pajjusana qui clôt l'année jaïnique, ou bien joyeuses, comme Divali, la grande fête hindoue que l'on a adaptée en l'honneur de la libération et de l'illumination de Mahavira.

▶ Divinités

Théoriquement, les jaina ne vénèrent aucun dieu ; ils contemplent les *Tirthankaras*. Cependant, dans la pratique, les simples adeptes honorent souvent des dieux hindous. De nombreux temples jaïns renferment des statues à l'effigie de divinités hindoues mineures, dont la plus populaire est Sarasvati, déesse de la Sagesse et des Arts.

▲ La Renonciation

Les moines jaïns sont des errants. Ils ne possèdent pratiquement rien à l'exception de leurs vêtements. La plupart du temps, ils se couvrent la bouche d'un tissu et balaient la route devant eux pour éviter d'avaler ou d'écraser des insectes.

Sarasvati tient divers objets symboliques. Dans l'une de ses quatre mains, le chapelet témoigne de sa piété.

Les cinq personnages assis autour de Sarasvati sont des Tirthankaras.

En tant que déesse de la Sagesse et de l'Ecriture, elle tient un manuscrit en feuille de palme (en partie brisé).

Deux serviteurs éventent Sarasvati avec des chasse-mouches.

Les deux donateurs sont agenouillés devant la déesse.

La non-violence

Le principe de non-violence ou *ahimsa* est de n'infliger aucun mal aux êtres humains. Pour les jaina, ce précepte s'étend à tout ce qui est vivant sur terre. La non-violence est un état d'esprit qui gouverne tous les aspects de la vie quotidienne. Elle bannit aussi bien toute pensée, toute parole agressive que tout acte de brutalité.

▲ L'emblème sikh
Le *nishan sahib*, emblème du sikhisme, est composé d'un anneau en acier représentant l'unité de Dieu, d'un sabre à deux tranchants symbolisant l'intérêt que Dieu porte à la vérité et à la justice et, à l'extérieur, de deux épées courbes et croisées signifiant le pouvoir spirituel de Dieu. Un drapeau orné du *nishan sahib* flotte sur chaque *gurdwara* (lieu de culte sikh).

Le sikhisme

La communauté sikh est répartie dans de nombreux pays (Angleterre, Afrique orientale, Malaisie, côte ouest du Canada et États-Unis) mais la grande majorité vit en Inde. Guru Nanak, le fondateur du sikhisme, est né au Pendjab en 1469. Il enseigne une nouvelle doctrine du salut basée sur deux idées fondamentales : la vision d'un dieu unique et du salut par un médiateur (gourou). Pour les sikhs, Dieu est unique et personnel. Il est le créateur avec qui tous les individus doivent établir une profonde relation. Or les hommes sont aveugles : ils gardent délibérément les yeux fermés à cette révélation divine. Ils ont donc besoin d'un gourou, c'est-à-dire un guide spirituel, pour les instruire. La présence du gourou est au cœur de la religion sikh ; le terme même de sikh vient du mot pali *sikkha* signifiant « disciple ». Neuf autres gourous ont succédé à Nanak. Le dernier d'entre eux a transféré son autorité à la communauté et au Livre saint des sikhs, l'*Adi Granth*.

▶ Le Temple d'or
Le Temple d'or d'Amritsar, construit au XVIe siècle sur le lac Immortalité, est le sanctuaire principal du sikhisme et son plus grand lieu de pèlerinage. À l'entrée, les fidèles reçoivent, en échange d'une obole, une part de *karah parshad* (nourriture sacrée qui symbolise l'égalité et la fraternité). Ensuite, ils s'asseyent pour écouter des hymnes tirés des écritures sacrées (*Adi Granth* et *Dasam Granth*). L'eau qui entoure le temple est considérée comme sacrée et les pèlerins viennent souvent s'y baigner.

Étole de soie protégeant le livre sacré

▲ Lieu de culte
Gurdwara signifie littéralement « la porte du gourou ». Chaque temple abrite les textes sacrés rassemblés sous le nom de *Granth*. Ils contiennent les enseignements et les poèmes spirituels écrits par les dix gourous. L'*Adi Granth* est l'autorité suprême des sikhs, qui le traitent avec la plus grande déférence. Le livre est recouvert d'un tissu de soie, posé sur un coussin et placé au cœur du temple, sous un baldaquin.

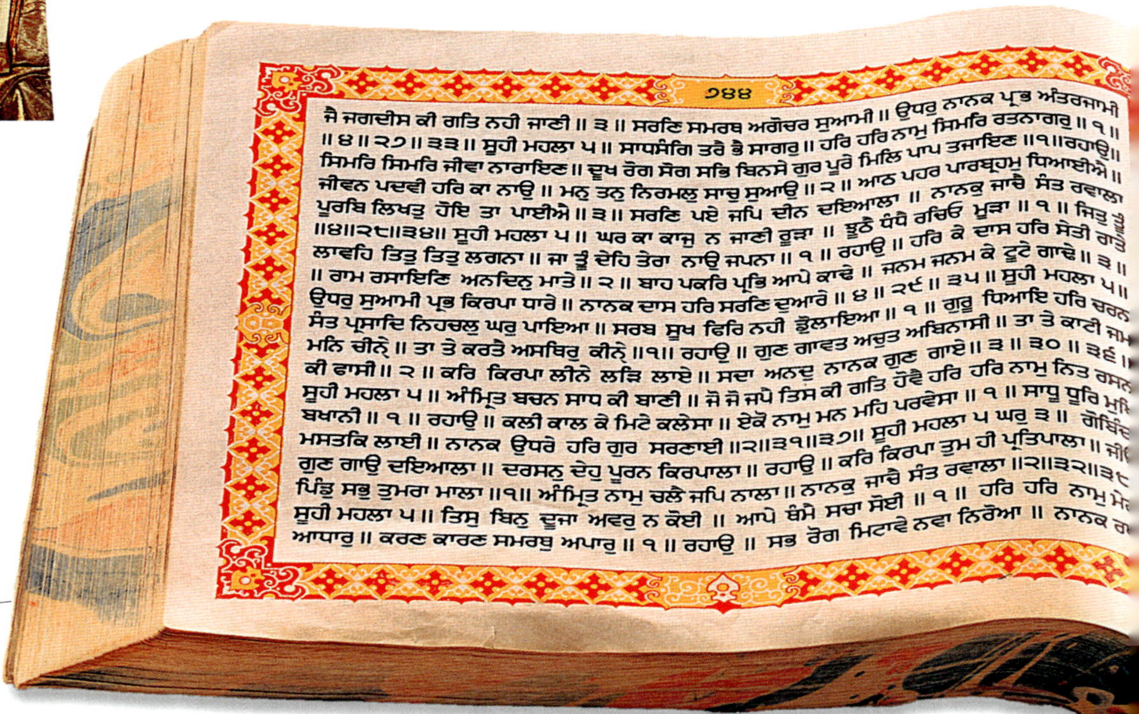

*Même lorsqu'on le lit, l'*Adi Granth* est toujours protégé par une étole de soie.*

Guru Nanak, fondateur du sikhisme

Les neuf autres gourous (représentés avec des auréoles) sont assis à côté de Nanak.

▲ Les dix gourous

Le sikhisme est parfois nommé Gurmat, qui signifie la « doctrine du gourou ». Dieu, le gourou originel, transmit son message à son disciple élu, Nanak, premier des dix gourous. Par la suite, chacun d'eux choisit son successeur en fonction de son illumination spirituelle. Govind Singh (1666-1708) fut le dernier gourou. Avant sa mort, il décréta qu'il n'y aurait plus d'autres gourous et que seul le Livre sacré pouvait incarner l'autorité divine.

> « Dieu est Un,
> il est le Vrai Nom,
> il est le Créateur. »
>
> Premiers mots de l'*Adi Granth*

Kara (bracelet d'acier)

Kangh (peigne)

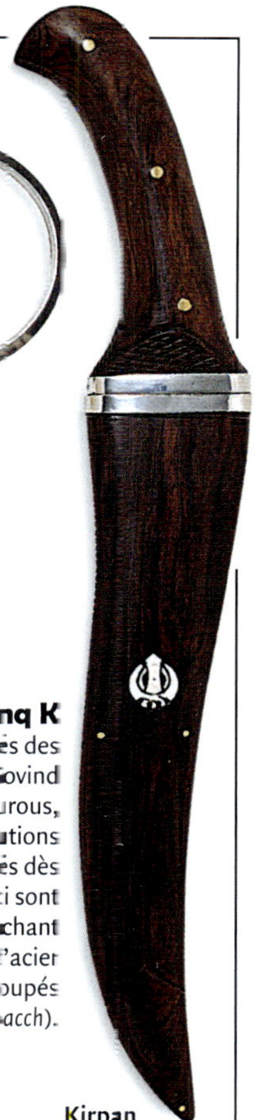

Kirpan (sabre)

▶ Les cinq K

Les *khalsa* (communautés des « purs ») ont été fondées par Govind Singh, dernier des dix gourous, pour lutter contre les persécutions mogholes. Les jeunes sikhs y sont initiés dès la puberté. Les cinq symboles de leur foi sont les «cinq K» : le sabre à double tranchant (*kirpan*), le peigne (*kangh*), le bracelet d'acier (*kara*), la barbe et les cheveux jamais coupés (*kes*) et le short (*kacch*).

▲ Signe de respect

Le *chauri*, ou chasse-mouches, symbolise l'autorité. On continue à l'agiter au-dessus du Livre sacré en signe de respect et en mémoire d'un ancien gourou du Pendjab, qui aurait lui-même été éventé avec un chasse-mouches. Le livre incarne désormais le gourou. Le *chauri* peut être fait avec des plumes de paon, des poils de yak ou de chèvre ou même, comme ici, en fibres synthétiques.

Les textes sont rédigés en une langue mixte, mélange de pendjabi et d'hindi. Ils sont chantés sur des airs traditionnels indiens. La plupart sont des poèmes.

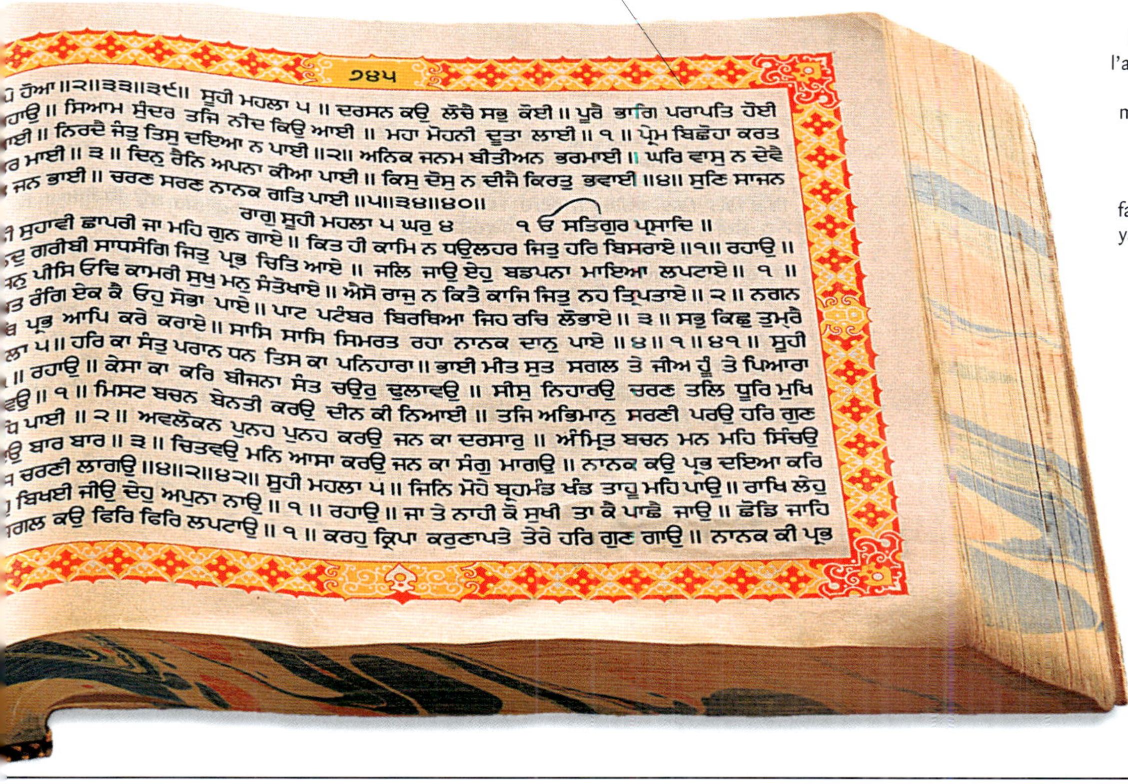

◀ L'*Adi Granth*

L'*Adi Granth* est le recueil des enseignements de Nanak et de ses successeurs. Il commence par des vers attribués à Nanak que les sikhs récitent lors de la prière matinale. Viennent ensuite des hymnes et des poèmes attribués à divers gourous que l'on déclame toujours en chantant. L'idée du salut est au cœur des écritures. Le disciple sikh reçoit l'éveil grâce au gourou ; après avoir longuement médité sur la parole et le nom divins, il finit par être en parfaite union avec la divine harmonie.

Le mazdéisme ou le zoroastrisme

Le mazdéisme compte environ 130 000 adeptes répartis essentiellement en Iran, en Inde, en Afrique orientale et dans la plupart des grandes villes du monde. Connus en Inde sous le nom de *parsis* (Persans), ils sont fidèles à la doctrine de Zarathoustra, que les Perses de l'Antiquité nommaient Zoroastre. Voilà pourquoi cette religion est aussi appelée zoroastrisme. Zoroastre demanda aux hommes de mener une « bonne vie » et de vénérer Ahura-Mazdâ, le « créateur suprême », « dieu de la Sagesse » qui est symbolisé par le feu. Il croyait en la bonté essentielle du monde tout en reconnaissant l'existence du mal. Ainsi, tout ce qui est bien et bon vient d'Ahura-Mazdâ, tandis que toute la misère et la souffrance du monde sont dues à Angra Mainyu, force du mal. Ces deux puissances se livrent un combat perpétuel. Les hommes, pour leur part, doivent s'efforcer de lutter pour le bien. Ceux qui choisissent d'observer le juste rituel et la loi morale prescrite par Ahura-Mazdâ se verront récompensés par la joie et le bonheur éternels. Ceux qui se rangent dans le camp du mal ne connaîtront que douleur et tristesse. Selon Zoroastre, le bien finira par triompher du mal.

▲ Esprit protecteur
Pour les mazdéens, cet emblème est un *fravashi*, c'est-à-dire un esprit protecteur. Selon eux, chaque individu est placé sous l'égide d'un fravashi. Ces gardiens symbolisent le bien ou l'essence divine qui est en nous. Ils viennent en aide à ceux qui le leur demandent et luttent pour le bien universel. Ce disque ailé orné d'une queue d'oiseau représente aussi le « moi spirituel » d'Ahura-Mazdâ. On le retrouve très souvent dans le rituel zoroastrien.

▲ L'âge de la responsabilité
Entre sept et douze ans, avant l'âge de la puberté, les jeunes mazdéens passent le *naojote*, cérémonie d'initiation au cours de laquelle ils font profession de leur foi et s'engagent à respecter la morale de Zoroastre. À cette occasion, ils revêtent la *sudreh*, une veste blanche symbolisant la pureté et la rénovation, et reçoivent la *kushti* – ceinture sacrée qu'ils porteront toute leur vie. Les 72 fils dont elle est tissée symbolisent le lien qui les unit à la religion et à la communauté mazdéennes.

▶ Liqueur d'immortalité
Le rituel du feu sacré est omniprésent dans le zoroastrisme. Lors de la cérémonie du sacrifice – ou *Yasna* – le mage récite des prières en offrant au feu divin la *haoma*, une liqueur sacrée préparée à base de plantes. Cette libation confère l'immortalité aux fidèles.

Les mages portent un masque afin de ne pas contaminer les objets sacrés par leur souffle.

▶ Action de grâces
Le *jashan* est une action de grâces accomplie par plusieurs prêtres. Le mage qui officie est le *zaotar* et ses auxiliaires les *raspi*. Cette cérémonie est destinée à assurer le bien-être physique et spirituel des fidèles qui font des offrandes et demandent la bénédiction des esprits. Les sept « Bienfaiteurs immortels » (*Amesha Spentas*), adjoints d'Ahura-Mazdâ, ainsi que les âmes des défunts sont invités à prendre virtuellement part au *jashan*. Les Bienfaiteurs immortels sont les gardiens des sept créations divines (le ciel, les eaux, la terre, les plantes, le bétail, les humains et le feu), lesquelles sont symboliquement représentées par les différents objets utilisés pour la célébration.

▶ Le fondateur

Zoroastre, connu également sous le nom de Zarathoustra, aurait vécu en Perse (l'Iran actuel) vers l'an 1 000 av. J.-C. Il serait donc le premier prophète de tous les temps. On ne sait pas grand-chose de lui, si ce n'est qu'il fut aussi prêtre, qu'il se maria et eut de nombreux enfants. La religion qu'il fonda demeura pendant plus de mille ans la religion officielle de la Perse, qui était alors l'un des plus grands empires du monde.

▲ Le temple du feu

À l'origine, les mazdéens pratiquaient leur culte en plein air. De nos jours, le rituel des prières se déroule dans un temple, en présence d'un feu qui ne doit jamais s'éteindre. Ce feu sacré est l'incarnation d'Ahura-Mazdâ. Ces temples, très dépouillés, sont dénués d'images et d'ornements. Seuls les pratiquants du mazdéisme y sont admis. Avant d'entrer dans le temple, les fidèles doivent se laver les mains et le visage, puis ils récitent la prière rituelle du kushti. Ensuite, ils ôtent leurs chaussures avant de se présenter devant le feu. Ils prennent alors une pincée de cendres sacrées qu'ils s'appliquent sur le front avant de continuer à prier en se concentrant sur la pure lumière d'Ahura-Mazdâ.

« De bonnes pensées, de bonnes paroles, de bonnes actions. »

IDÉAL ZOROASTRIEN

Afarganyu, *le vase du feu, où brûle en permanence du bois de santal symbolisant Dieu, source de lumière et de vie.*

Lampe à huile traditionnelle, que l'on entretient en permanence

Cuiller plate que les raspi (prêtres auxiliaires) utilisent pour mettre le bois de santal et l'encens dans le feu.

Coupelle contenant du bois de santal et de l'encens

La nation juive

Le peuple juif retrace ses origines lointaines en remontant à trois ancêtres appelés les « patriarches » : Abraham, son fils Isaac et son petit-fils Jacob. Dans leurs prières quotidiennes, les juifs se nomment « enfants d'Abraham ». Ils donnent à leur nation le nom d'Israël, car c'est ainsi que Dieu a lui-même surnommé Jacob. Leur histoire commence quand Abraham quitte son pays, l'Iraq actuel, vers 1800 avant notre ère, pour s'installer au pays de Canaan, la Terre promise, qu'on appelle maintenant la Palestine, ou Israël. Plus tard, les fils de Jacob vont en Égypte. Vers 1250 avant notre ère, leurs descendants, les Hébreux, sont conduits hors d'Égypte par Moïse : c'est l'Exode. C'est alors que le Dieu des Patriarches, Yahvé, apparaît à Moïse sur le mont Sinaï et fait alliance avec le peuple d'Israël. Cette Alliance s'exprime dans les Dix Commandements et dans la Torah, c'est-à-dire la Loi de Moïse. Cette Loi, donnée par Dieu, est au cœur de l'identité du peuple d'Israël. Yahvé est le Dieu d'Israël, son « peuple élu », et le créateur et maître de tout ce qui existe ; il est le Dieu qui contrôle l'histoire : Dieu tout-puissant et Dieu d'amour.

▲ La traversée de la mer Rouge
La Bible raconte comment les douze fils de Jacob – qui allaient constituer les douze tribus d'Israël – devinrent esclaves en Égypte. Puis un jour, nous dit le livre de l'Exode, Dieu chargea Moïse de les libérer. Dieu dut envoyer dix plaies avant que Pharaon ne se décide à les laisser partir. Mais Pharaon changea d'avis et envoya son armée à leur poursuite, espérant les rattraper au bord de la mer Rouge.Yahvé fendit les flots et les Israélites purent traverser. Quand les Égyptiens se lancèrent à leur poursuite, la mer se referma sur eux. Cet événement est l'un de ceux que commémore la grande fête annuelle de la Pâque. De telles fêtes maintiennent vivante l'histoire du peuple juif, et ainsi les leçons qu'elle leur a enseignées sur Dieu ne sont pas oubliées.

Ce mur est appelé traditionnellement mur des Lamentations car il est associé au souvenir de la destruction du Temple.

Des juifs viennent du monde entier pour prier devant le Mur.

▶ Le mur des Lamentations
Tout ce qui reste du second Temple, bâti à Jérusalem par le roi Hérode le Grand à partir de 20 av. J.-C., se résume à son mur occidental dit des Lamentations. Cette cité était alors la capitale du royaume judéen. Le Temple était le centre du culte, mais il fut détruit par les troupes du romain Titus en 70 apr. J.-C. Après quoi, les juifs furent dispersés et privés d'un Etat pendant près de mille neuf cents ans. Ce mur est devenu un symbole du Temple et un mémorial de sa destruction. Pour les juifs, c'est le lieu le plus saint de Jérusalem.

▼ Un petit garçon
Quand Dieu fit alliance avec Abraham, il ordonna que tous les enfants mâles soient circoncis : ce serait le signe rappelant que Dieu avait choisi les fils d'Abraham. Aujourd'hui encore, tous les juifs sont circoncis le huitième jour après leur naissance. On voit ici un tissu décoré spécialement pour un petit garçon.

On peut lire, en hébreu : « Qu'il vive pour la Torah, pour la Houppa et pour les bonnes actions. »

La Houppa, ou dais de mariage, dressée dans la synagogue, symbolise la chambre ou la tente où s'isolaient les jeunes mariés. Il est un des éléments indispensables pour la cérémonie, durant laquelle il abrite les deux futurs époux.

Rouleau de la Torah (de la Loi)

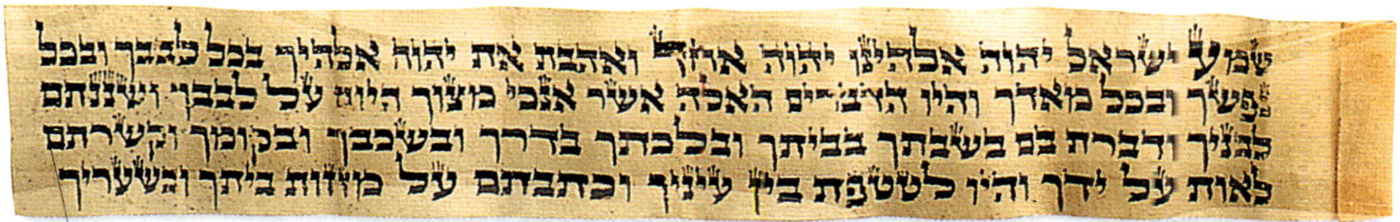

On lit ici la première partie de la prière liturgique appelée Shema (« Écoute Israël »), composée de trois textes de la Torah.

La neuvième bougie sert à allumer les autres.

C'est à David, roi prophète de 1015 à 975 av. J.-C., deuxième roi d'Israël, « le bien aimé », que cette étoile doit son nom. Elle figure dans le drapeau israélien actuel.

▲ La mezouza

La mezouza est un petit rouleau de parchemin inséré dans un étui ou une petite boîte. On y inscrit le plus souvent le texte du Shema, qui appelle le peuple de Dieu à l'aimer « de tout son cœur, de toute son âme et de tout son pouvoir ». Les juifs croyants récitent ce texte matin et soir car il résume parfaitement ce qui est au cœur de leur foi. Traditionnellement, les mezouzas sont fixées à l'extérieur de la porte des maisons juives sur le montant droit.

Pendant la fête des Lumières, Hanoukka, célébrée fin décembre, on allume une bougie chaque jour pendant les huit jours de la fête.

◀ Hanoukka, la fête des Lumières

Hanoukka est une fête qui a lieu vers le milieu de l'hiver et qui dure huit jours. Elle est marquée par l'allumage de bougies rituelles : on célèbre ainsi la nouvelle dédicace du temple de Jérusalem par Judas Maccabée en 164 avant notre ère, après qu'il l'a repris aux successeurs d'Alexandre le Grand. L'année religieuse juive comprend six fêtes principales qui rappellent aux juifs l'amour fidèle de Dieu pour son peuple et qui les aide à se consacrer à son service.

« Écoute Israël, l'Éternel est ton Dieu, il est l'Unique. Tu aimeras donc l'Éternel de tout ton cœur, de toute ton âme et de toutes tes forces. »

Deutéronome VI, 4-9.
Premiers mots de la prière Shema.

Judaïsme

Un seul Dieu?
Oui

Une vie future?
Oui, mais le judaïsme s'intéresse surtout à la vie présente.

Fondateurs?
Abraham, père du peuple juif, vécut au Moyen-Orient vers 1800 avant notre ère.
Moïse, qui lui donna la Torah (la Loi), vécut au Moyen-Orient vers 1250 avant notre ère.

Écritures?
La Bible, qui comprend la Torah (les cinq livres de Moïse)

Un code écrit?
La Torah, qui donne des règles pour tous les aspects de la vie

Le peuple de la Torah

Au cœur de la religion juive, il y a la Torah, la « Loi », qui forme les cinq premiers livres de la Bible hébraïque. Le mot hébreu *torah* ne signifie pas seulement « loi » mais aussi « instruction », « orientation ». Dans la Torah, Dieu enseigne Son peuple et lui apprend qui Il est, quelles sont Ses volontés, comment Il désire être obéi par lui dans tous les domaines de l'existence. Pour un juif religieux, obéir à la Torah c'est se laisser guider par Dieu. Sa lecture représente la partie principale du culte de la synagogue (l'assemblée). Le peuple répond aussi à Dieu en s'adressant à Lui dans la prière. Les juifs ont un rôle tout particulier dans les relations entre Dieu et l'humanité, puisque c'est à eux que fut révélée la Torah. Ils attendent le jour où Dieu enverra son Messie, « celui qui a reçu l'onction », pour annoncer l'instauration de la Loi, autrement dit du royaume de Dieu sur la terre.

▲ Arche d'alliance
L'Arche contient la Torah. Dans les synagogues, elle est placée, derrière un rideau, dans une niche pratiquée dans le mur qui fait face à Jérusalem. La première Arche d'alliance, celle de Moïse, contenait les tables de la Loi ; elle accompagnait le peuple d'Israël sorti d'Égypte, qui allait vers la Terre promise.

Cérémonie de bar-mitsva

▲ Majorité religieuse
Quand un jeune juif atteint treize ans, il devient bar-mitsva, « fils des commandements ». Il est désormais considéré comme un adulte responsable et doit obéir aux commandements de la Loi. Pour les jeunes filles, l'âge de la majorité religieuse est douze ans.

Deux mots hébreux qui signifient « couronne de la Torah ».

La couronne est un symbole de la Torah, car celle-ci est considérée comme le couronnement glorieux de l'existence juive.

Le lion est un symbole juif courant, associé à l'origine à la tribu de Juda (voir Genèse XL-9).

◀ La Torah et son manteau
Dans la tradition occidentale, on protège les rouleaux de la Torah en les couvrant d'un manteau brodé. Dans la tradition orientale d'Afrique du Nord et du Moyen-Orient, ils sont gardés à l'abri dans un étui rigide.

« Plus vous creusez profond dans la Torah, plus vous y découvrez de trésors. »

Isaac Bashevis Singer.

▶ Signe de respect
Un juif religieux strict prie trois fois par jour, le matin, l'après-midi et le soir, soit à la synagogue, soit chez lui. Quand il prie, il doit avoir la tête couverte d'un chapeau ou d'une calotte, connue sous le nom de kippa. Les juifs orthodoxes gardent généralement la tête couverte : c'est un signe qui manifeste leur respect pour Dieu.

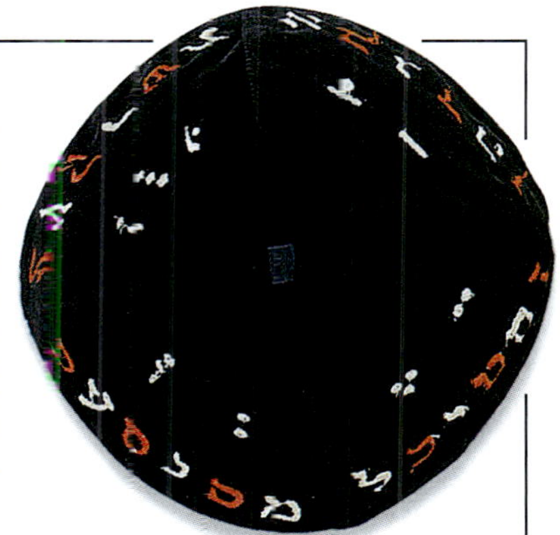

▶ Revêtir la Torah
Pendant qu'ils prient, les hommes portent, fixées au bras gauche et au front, deux petites boîtes en cuir contenant des passages de la Torah. Ces boîtes sont appelées phylactères ou *tephillin*.

Chofar (*corne de bélier*) *avec une inscription en hébreu*

▲ Appel au repentir
Le jour de Roch ha-Shanah (le nouvel an juif), on souffle dans le *chofar* pour appeler les juifs à la repentance, pour demander à Dieu de pardonner toutes les mauvaises actions commises au cours de l'année écoulée. Cela marque le début des « dix jours terribles » qui vont jusqu'au Yom Kippour, le Grand-Pardon, vingt-cinq heures de jeûne destinées au repentir. Ce jour est le plus saint de l'année juive.

▲ Fils de la Torah
Quand un jeune juif devient bar-mitsva, cela est célébré par sa famille et toute sa communauté. Ils vont à la synagogue et, au cours de l'office du shabbat, le jeune garçon exerce pour la première fois ses droits d'adulte : il revêt le *tallith* et lit tout haut un passage de la Loi et un passage des Prophètes. Le *tallith* est un châle bordé de franges que les hommes portent pour la prière du matin et le jour de Yom Kippour. Dans certaines synagogues, il existe une cérémonie équivalente pour les jeunes filles (bat-mitsva).

Yad, *instrument en forme de main*

Le rouleau de la Torah est trop sacré pour qu'on le touche. On le tient donc par ses poignées et on utilise un long instrument en forme de main au doigt pointé pour suivre la ligne que l'on lit.

▲ L'enseignement de Dieu
La Torah comporte 613 commandements : 248 obligations et 365 interdits. C'est par eux que Dieu instruit Son peuple. Ils expriment Sa volonté et, pour les juifs religieux, ce sont de réelles obligations. Les juifs pensent aussi que Dieu guide les hommes par les lois physiques, morales et religieuses inscrites dans l'ordre de l'univers ; et aussi par les règles de pureté et de justice sociale par lesquelles Israël répond à Dieu. Elles aussi constituent la Torah.

Famille et communauté juives

Loulab (ou *loulav*), que l'on porte durant la procession de *Souccot*, la fête des cabanes.

Le centre de la vie religieuse juive est le foyer. On insiste beaucoup sur la famille et les relations familiales. L'année religieuse comporte de nombreuses fêtes qui donnent une structure et un rythme à la vie de la communauté. Nombre de ces fêtes religieuses sont en même temps des fêtes familiales. Elles contribuent à créer des liens entre les membres de la communauté. Elles permettent aussi à l'histoire des relations entre Israël et Dieu de faire toujours partie de l'existence quotidienne. La fête la plus importante est le shabbat hebdomadaire. C'est un jour de repos : les juifs n'accomplissent aucun travail et font mémoire de l'achèvement de la création (voir Genèse II, 2-3; Exode XX, 8-11). Le culte public a lieu à la synagogue, ou lieu d'« assemblée », qui est aussi le centre de la vie sociale. Le vendredi soir et le samedi matin, la communauté juive s'y rassemble pour célébrer le shabbat.

▲ Coupes de bénédiction
Dans la plupart des foyers juifs, on trouve un gobelet pour le vin, que l'on nomme coupe du quiddouch. Ce nom vient de la « bénédiction » (quiddouch) du vin, prononcée durant le shabbat ou la célébration de la Pâque.

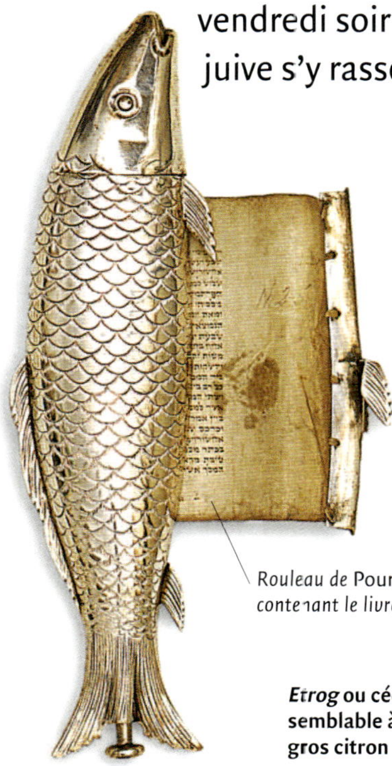

◀ Pourim
Vers la moitié de l'année juive (en février ou en mars), on célèbre la fête de *Pourim*, fête des sorts. Elle est marquée par des réjouissances au cours desquelles on porte souvent masques et déguisements. *Pourim* signifie les « sorts » et évoque une histoire qui remonte au Vᵉ siècle avant notre ère. Un grand vizir de l'Empire perse, nommé Aman, avait décidé de faire tuer tous les juifs, après avoir consulté les sorts (le *Pour*) pour en fixer le moment. Esther, femme juive du roi perse Assuérus, réussit à sauver son peuple du massacre grâce à la providence et à l'amour de son souverain. Le Livre d'Esther, lu durant la fête, en rappelle le souvenir.

***Etrog* ou cédrat, semblable à un gros citron**

▲ Les bougies du shabbat
Dans l'usage juif, la journée commence et finit au coucher du soleil. Le shabbat, qui est le samedi, commence donc le vendredi soir ; la maîtresse de maison allume les « bougies du shabbat » et demande à Dieu de bénir son travail et sa famille. La table du shabbat est préparée, avec le pain et le vin. Au début du repas, le mari fait la louange de son épouse et récite un passage des Écritures sur la création et le shabbat. Il bénit ensuite le vin et le pain et les fait passer aux autres convives.

▼ Souccot
La fête de Souccot a lieu en septembre ou octobre, à la fin des moissons durant sept jours. Elle rappelle la façon dont Dieu a pris soin de Son peuple pour qu'il ne manque de rien dans le désert, après qu'il eut quitté l'Égypte. Pour la fête, on s'installe dans de petites cabanes ou des tentes qu'on recouvre de branchages et qu'on décore de fleurs et de fruits. Au cours d'une cérémonie, on porte en procession un loulab et un cédrat et on récite des prières.

Les tentes ou huttes de Souccot sont dressées dans les jardins, sur les terrasses, ou auprès des synagogues. Quand les conditions météorologiques sont favorables, on y mange et on y dort durant la semaine de la fête.

▶ La Pâque

La fête de Pâque, qui dure une semaine, est la plus connue de toutes les fêtes juives. Elle commémore les événements relatés dans le livre de l'Exode. En le lisant, on comprend aussi le sens du nom de Pâque (c'est-à-dire « passage ») : alors que Dieu envoyait à l'Égypte son ultime punition (la mort des premiers-nés) pour persuader Pharaon de libérer son peuple, l'ange de la mort est « passé » au-delà des Hébreux et les a épargnés. Durant le repas de Pâque, le plus jeune enfant de la famille demande en quoi cette nuit est différente de toutes les autres nuits. Le père raconte alors l'histoire de la délivrance d'Israël (l'Exode). Il raconte combien la vie était dure pour les juifs, esclaves des Égyptiens; comment Moïse les a délivrés; comment Dieu a donné à Moïse les Dix Commandements et a veillé sur Israël, dans le désert.

La Haggadah (« histoire racontée ») est le rituel particulier de la célébration du repas pascal.

L'œuf symbolise le sacrifice.

L'os d'agneau évoque les agneaux du sacrifice de la première Pâque.

Pâte de noix et de fruits hachés

Les légumes représentent le printemps.

Les herbes amères représentent l'amertume de l'esclavage.

On appelle *Seder* le repas rituel des deux premiers jours de la fête célébrée dans les foyers juifs. Ces plats sont servis pour illustrer l'histoire de la première Pâque.

Tissu qui recouvre les pains sans levain (la Matsah) avant qu'ils soient consommés.

On lit ici en hébreu Pessah, c'est-à-dire Pâque.

L'eau salée rappelle les larmes que fait couler la condition d'esclave.

La Matsah (pains sans levain) rappelle la hâte avec laquelle les israélites ont dû quitter l'Égypte.

Contemplation

Contempler, c'est penser à quelque chose ou fixer son regard sur quelque chose. Les gens religieux pratiquent une méditation et une prière silencieuses, en concentrant leur esprit sur Dieu ou sur quelque autre réalité qui transcende (dépasse) leur propre personne. Ils font ainsi l'expérience de leur union avec le divin.

La foi chrétienne

▲ Signe de la croix
Jésus est mis à mort en étant cloué sur une croix : il est crucifié. Plus tard, la croix devint le principal symbole du christianisme car, selon la foi chrétienne, le Christ a réellement apporté le salut par sa mort sur la croix et sa résurrection. Quand quelqu'un devient chrétien par le baptême, il est marqué du signe de la croix.

Les chrétiens tiennent leur nom de la personne du Christ. Jésus est un juif qui vit au Ier siècle en Palestine, aujourd'hui Israël. Vers l'âge de 30 ans, il réunit un groupe de disciples et se met à prêcher, à enseigner, à guérir des malades dans tout le pays. Il affirme que les gens doivent se repentir (demander le pardon de leurs péchés), croire en lui et le suivre. Les disciples de Jésus voient en lui le Messie que les juifs attendent. Pour les chrétiens, Jésus est plus qu'un homme ; ils croient que Dieu, créateur et maître de l'univers, s'est incarné (s'est fait homme et est venu sur terre) en Jésus-Christ, pour apporter le pardon et le salut à l'humanité. Selon les chrétiens, cela était nécessaire car Dieu est bon et les hommes ne le sont pas – ce qui crée un fossé entre l'humanité et Dieu. Les chrétiens voient donc en Jésus le sauveur qui ramène les hommes à Dieu.

▲ Jean le Baptiste
À l'époque de la naissance de Jésus, beaucoup de juifs attendent la venue d'un prophète qui serait le « précurseur » du Messie. Jean commence à enseigner avant Jésus, prêchant un baptême de repentir pour le pardon des péchés. Quand Jésus a trente ans, Jean le baptise dans les eaux du Jourdain, après quoi Jésus se met, lui aussi, à enseigner et à prêcher. Pour les chrétiens, Jean est venu préparer le chemin pour Jésus, et le baptême a toujours été le signe de l'entrée dans la communauté chrétienne.

La couronne désigne Marie comme la reine du ciel.

▲ La sainte Trinité
Cette peinture sert à beaucoup de chrétiens, pour les aider à se représenter la foi en un Dieu trinité. Cela signifie qu'en Dieu il y a trois personnes – le Père, le Fils et l'Esprit saint – et pourtant, Dieu est Un. Dieu s'est fait homme en Son fils, Jésus, deuxième personne de la Trinité. Il continue à être présent parmi les hommes par le Saint-Esprit, troisième personne de la Trinité.

◀ Vierge à l'enfant
Dans certaines églises chrétiennes, on trouve des statues représentant Jésus dans les bras de sa mère. La dévotion pour Marie « mère de Dieu » s'est progressivement développée dans une grande partie de la chrétienté. On l'appelle la Sainte Vierge Marie, car les chrétiens croient que Dieu lui-même, et non un homme, est le père de Jésus. Beaucoup de chrétiens ont une grande vénération envers Marie et lui demandent de prier pour eux du haut des cieux.

Christianisme

Un seul Dieu?
Oui : un Dieu en trois personnes : Le Père, le Fils et le Saint-Esprit : la Trinité

La vie future?
Un jugement final, suivi par le ciel ou l'enfer

Fondateur?
Jésus-Christ, qui vécut en Palestine entre 6 avant notre ère et 30 de notre ère.

Écritures?
La Bible, composée de l'Ancien Testament (Bible juive) et du Nouveau Testament.

Fêtes principales?
Noël : naissance de Jésus
Pâques : sa mort et sa résurrection

Prêtres?
La plupart des confessions chrétiennes ont des prêtres.

▼ L'histoire de Noël

L'image la plus familière de la tradition chrétienne est l'histoire de la naissance du Christ (la Nativité), que les chrétiens célèbrent à Noël. Dans ce tableau, Jésus, Marie et son époux, Joseph, sont entourés par les animaux qui vivaient dans l'étable où ils ont trouvé refuge, par des bergers avec leurs moutons et par des anges. Ceux-ci chantent « Gloire à Dieu au plus haut des cieux et paix sur la terre aux hommes qu'Il aime » et se réjouissent de la naissance du « Prince de la paix ». Jésus naquit à Bethléem, en Judée (région sud d'Israël) et fut élevé à Nazareth, en Galilée (nord d'Israël). Ses parents, Marie et Joseph, n'étaient pas riches, mais ils descendaient du fameux roi d'Israël, David.

« Je suis la lumière du monde ; celui qui me suit ne marchera point dans les ténèbres, mais aura la lumière de la vie. »

Jésus, dans l'Évangile selon saint Jean, VIII, 12.

Du haut du ciel, Dieu le père observe. Il tient en main le globe représentant le monde, et des anges l'adorent.

Les anges annoncent aux bergers surpris la naissance de l'enfant.

Cette illustration, tirée d'un livre du XVe siècle, représente la naissance du Christ.

L'Enfant Jésus est né dans une étable parce qu'il n'y avait pas de place à l'auberge de Bethléem.

Marie et Joseph sont vêtus de bleu, couleur qui évoque le ciel et symbolise la divinité.

Dans cette peinture, Marie et Joseph sont vêtus comme on l'était au XVe siècle.

Le chemin de la croix

Vers l'âge de 33 ans, Jésus est arrêté, torturé et crucifié par les autorités romaines qui gouvernent la Palestine. Pour les chrétiens, Jésus, en mourant, a « pris sur lui » tous les péchés des hommes (tout le mal qui est en nous et qui, selon la foi chrétienne, nous sépare de Dieu) ; de sorte que chacun peut être pardonné et vivre désormais en union avec Dieu. Trois jours plus tard, nous raconte la Bible, Jésus se relève d'entre les morts. Il apparaît à ses disciples et les instruit. Puis il « monta aux cieux » pour retourner auprès de son Père. Ainsi, pour la foi chrétienne, Jésus n'est pas un héros mort, mais le sauveur, vivant aujourd'hui, qui a vaincu la mort. Les chrétiens croient que Jésus vient en aide à ceux qui le suivent, et donne à tous la possibilité de participer à sa victoire sur le péché et sur la mort.

▲ La coupe de la douleur
Peu de temps avant de mourir, Jésus réunit ses disciples pour un repas d'adieu, la « dernière cène ». Il leur donne du pain et du vin, et leur dit qu'à l'avenir, ils devront boire cette coupe et manger ce pain qui représentent son sang répandu et son corps livré pour eux. Depuis lors, les chrétiens ont obéi à cette injonction de Jésus en célébrant ce qu'on appelle la communion, la messe, l'Eucharistie ou la cène du Seigneur.

Marie pleure la mort de son fils, Jésus.

▲ Une mère éplorée
Au commencement de l'Évangile (évangile signifie « bonne nouvelle »), Marie est interrogée pour savoir si elle accepte d'être la mère du Fils de Dieu, et elle dit oui. Les chrétiens y voient un grand acte de foi, et ils considèrent qu'elle est bénie de Dieu de manière unique. Les Évangiles ne parlent pas beaucoup de Marie, mais au moment de la mort de Jésus, elle était dans le petit nombre de ceux qui ne l'avaient pas abandonné. L'art chrétien la représente souvent. Les sculptures où Marie tient dans ses bras le corps de son fils mort sont appelées piéta.

▼ La crucifixion de Jésus
Jésus est mis à mort, avec deux malfaiteurs, à l'extérieur de la ville de Jérusalem. Il porte lui-même la croix sur laquelle il va être cloué. La crucifixion est un mode d'exécution très douloureux mais banal à cette époque. Aujourd'hui, les chrétiens s'efforcent de vivre, d'aimer et d'accepter la souffrance avec patience, comme Jésus l'a fait, marchant à sa suite sur le « chemin de la croix ». Les représentations de la crucifixion occupent une place éminente dans l'art chrétien. Ce tableau place au pied de la croix des hommes et des femmes qui s'y trouvaient réellement, et des chrétiens des époques suivantes, pour montrer que les chrétiens de tous les temps cherchent leur salut dans la mort du Christ.

Le pélican a été considéré comme un symbole du Christ, car on croyait qu'il nourrissait ses petits de son propre sang.

Sur la croix, un écriteau porte les paroles suivantes: « Jésus de Nazareth roi des juifs ».

Un des criminels se moquait de Jésus. L'autre criminel lui dit: « Souviens-toi de moi quand tu seras entré dans ton royaume. »

Ascétisme

L'ascète renonce à nombre d'activités courantes et au confort physique pour mener une vie très simple, ordonnée et disciplinée. Une telle existence suppose aussi la pratique régulière de la prière et la contemplation. Les ascètes peuvent abandonner maison et travail pour suivre la voie qu'ils ont choisie.

▶ Le crucifix et la croix

Les crucifix montrent Jésus pendu à la croix ; ils sont le symbole de sa mort et du salut qu'elle procure, selon la foi chrétienne. Les croix sont nues et rappellent ainsi mieux aux chrétiens la résurrection. Les quatre Évangiles, dont les auteurs sont représentés sur cette croix, sont les quatre livres du Nouveau Testament qui racontent la vie, la mort et la résurrection de Jésus. Ils ont été écrits, pense-t-on, par quatre chrétiens des premiers temps, nommés Matthieu, Marc, Luc et Jean.

Jean, l'auteur du quatrième Évangile, a pour symbole l'aigle.

Luc, l'auteur du troisième Évangile, a pour symbole le bœuf

Matthieu, l'auteur du premier évangile, a pour symbole un homme.

L'agneau était l'animal que l'on offrait le plus souvent en sacrifice. Le Christ est représenté comme « l'agneau de Dieu, qui enlève le péché du monde » (Jean I, 29), parce qu'il s'est offert lui-même en sacrifice.

Marc, l'auteur du deuxième Évangile, a pour symbole le lion.

> *« Si nous sommes morts avec Christ, nous croyons que nous vivons aussi avec lui. »*
>
> Épître de saint Paul apôtre aux Romains, VI, 8

▲ L'Ascension

Après sa résurrection, Jésus apparaît à ses disciples, à Jérusalem et en Galilée, durant quarante jours. Il les instruit et leur commande d'annoncer à tout le monde la « bonne nouvelle » (Évangile) du pardon et de la vie renouvelée que sa mort a rendus possibles ; il leur dit aussi de baptiser au nom du Père, du Fils et du Saint-Esprit. Puis il « monta aux cieux », auprès de Dieu.

▶ Résurrection

Le corps de Jésus fut couché dans un tombeau dont l'entrée était fermée par une grosse pierre. Lorsque que quesunes des femmes qui le suivaient vinrent au tombeau, elles le trouvèrent vide, et la pierre qui en fermait l'accès, roulée à l'écart. Des anges apparurent et leur annoncèrent que Jésus s'était relevé d'entre les morts.

Les marques des clous dans les mains et les pieds de Jésus sont clairement apparentes dans ce tableau représentant Jésus sortant du tombeau.

L'Église du Christ

Les Évangiles nous rapportent que Jésus, avant de monter aux cieux, avait promis d'envoyer l'Esprit qui demeurerait auprès de ses disciples après son départ. Peu de temps après, alors que les disciples sont réunis à Jérusalem, le Saint-Esprit descend sur eux (c'est la Pentecôte) et les remplit d'une audace et d'un pouvoir nouveaux. Ils s'en vont prêcher que Jésus est le Messie promis, appelant tous les hommes à se repentir de leurs péchés et à se faire baptiser au nom de Jésus. Ils constituent une communauté de foi qui existe toujours : c'est l'assemblée des croyants baptisés qu'on appelle l'Église et qui est guidée par l'Esprit saint. L'Église primitive franchit bientôt les limites de Jérusalem et se répandit dans tout l'Empire romain. Aujourd'hui, l'Église compte près de deux milliards d'hommes dans le monde. Aux yeux des chrétiens, l'Église est le « corps du Christ », unie par la foi en lui et appelée à poursuivre son œuvre dans le monde. Les chrétiens s'efforcent d'aimer Dieu et les autres, comme Jésus l'a fait, de répandre son enseignement et de vivre à sa manière.

▲ Église et Églises

Les chrétiens, c'est-à-dire les baptisés, constituent l'Église. Aujourd'hui, l'Église est divisée en un grand nombre de groupes, certains très nombreux, d'autres tout petits, qu'on appelle aussi « Églises » ou « confessions ». Celle qui compte le plus de fidèles est l'Église catholique, dont le chef est le pape qui réside au Vatican à Rome. Les bâtiments où se réunissent les chrétiens pour célébrer leurs services religieux s'appellent aussi des églises ou des temples.

▲ Le sacrement du baptême

Les chrétiens célèbrent le baptême et la communion ; ces deux actes liturgiques portent le nom de sacrements. Pour certains chrétiens, il y a cinq autres sacrements. Des Églises considèrent que les sacrements sont des signes de l'œuvre intérieure et spirituelle de Dieu. Pour d'autres ce sont également les instruments dont use Dieu pour accomplir cette œuvre. Le baptême est le rite d'entrée dans l'Église. On utilise de l'eau qui symbolise la purification de l'âme du croyant.

▶ Pierre

Pierre est le premier des disciples de Jésus à avoir reconnu en lui le Messie. Il devint le chef du groupe des douze principaux disciples, appelés les apôtres (« envoyés »), et des premiers chrétiens. On pense qu'il partit pour Rome et y dirigea l'Église.

▲ La Bible

La Bible est le livre saint des chrétiens, pour qui elle a une autorité unique. La première partie est la Bible juive ; les chrétiens l'appellent Ancien Testament. La seconde partie, appelée Nouveau Testament, est constituée par les écrits des premiers chrétiens.

▲ Évêques et bergers

Dans la Bible, Jésus est décrit comme le « bon berger ». Les chefs des communautés chrétiennes étaient donc aussi considérés comme des bergers, appelés à veiller sur les fidèles de leurs Églises comme les bergers (ou « pasteurs ») sur leurs troupeaux. On les appelle des « évêques ».

« Tu aimeras le Seigneur ton Dieu de tout ton cœur... et ton prochain comme toi-même. »

MARC XII, 30-31

▲ Différentes Églises

Au XIe siècle, la chrétienté se divisa en deux groupes principaux : l'Église catholique romaine, en Europe occidentale, dirigée par le pape de Rome, et l'Église orthodoxe, dont le centre était à Constantinople (aujourd'hui Istanbul). Au XVIe siècle, les Réformateurs, comme Luther et Calvin, rejetèrent l'autorité du pape. Ceux qui se réclament d'eux sont appelés les protestants.

▼ Prédication et enseignement

Jésus a passé une grande partie de son temps à prêcher et à enseigner. Son enseignement prenait la forme de sermons ou de paraboles – petites histoires tirées de la vie quotidienne, et chargées d'un sens spirituel. Le plus célèbre des sermons de Jésus est le « Sermon sur la montagne ». Paraboles et sermons de Jésus sont rapportés par le Nouveau Testament et servent aujourd'hui encore à enseigner et à répandre la foi chrétienne.

▲ Le croissant
Le croissant, qu'on peut voir au sommet de nombreuses mosquées, représentait à l'origine la lune nouvelle croissante. Il est associé à certaines dévotions envers Dieu. L'étoile et le croissant sont présents sur les drapeaux des pays à majorité musulmane.

Le message de l'islam

L'islam est une religion de soumission. Ses adeptes, les musulmans, sont « ceux qui s'engagent à s'abandonner à la volonté d'Allah » (Allah est le mot arabe pour Dieu). Le mot même d'« islam » signifie « soumission à Dieu ». Les musulmans considèrent leur foi comme la révélation définitive de Dieu qui répond à tous les besoins spirituels et religieux de l'humanité. La religion est fondée par le prophète Mahomet né dans la ville de La Mecque en Arabie vers 570. Vers 40 ans, il se rend compte qu'il est désigné pour devenir un prophète et prêche le message du vrai et unique Dieu. Au début, il rencontre une grande opposition et, en 622, lors de l'hégire (la fuite), il quitte La Mecque pour la cité voisine de Médine avec ses disciples. En 630, il organise ses disciples en une puissante communauté religieuse et politique et peut retourner triomphant à La Mecque. Il meurt en 632 à Médine.

▲ Les textes sacrés
La calligraphie (l'art de l'écriture) arabe est un grand art de l'islam. Les musulmans essaient d'apprendre la langue arabe partout où c'est possible parce que Dieu a révélé Sa parole à Mahomet en arabe, et ils désirent la lire dans sa langue originale. Sur ce carreau est écrit un fragment du Coran.

▶ La Ka'ba à La Mecque
La Grande Mosquée de La Mecque est construite autour de la Ka'ba. À l'intérieur de la Ka'ba se trouve la Pierre noire, apportée, selon le Coran, à Abraham par l'ange Gabriel en signe d'alliance entre Dieu et l'humanité.

Le mihrab dans la mosquée Gila Khalina

◀ Prier en direction de La Mecque
La prière est la deuxième des cinq obligations de l'islam. Les musulmans doivent prier cinq fois par jour, face à La Mecque, le matin, à midi, au milieu de l'après-midi, après le coucher du soleil et à l'heure du coucher. Dans chaque mosquée, il y a une niche dans le mur appelée *mihrab* qui fait face à La Mecque pour indiquer dans quelle direction il faut se placer pour prier.

▶ Pélerinage à La Mecque
La Ka'ba est le lieu le plus saint de l'islam. Tout musulman en bonne santé, sans dettes et pouvant se payer le voyage, doit faire un pèlerinage à La Mecque au moins une fois dans sa vie pour visiter la Ka'ba et les autres lieux saints. Le pèlerinage est la cinquième des cinq obligations de l'islam. Les autres sont d'abord la profession de foi, puis la prière, le jeûne, pendant le mois du ramadan, et l'aumône. Ces obligations sont fondées sur le Coran et les enseignements du prophète Mahomet.

▶ Le Dôme du Rocher

Le Dôme du Rocher, avec son dôme doré et sa base octogonale, se trouve à Jérusalem. Après la Grande Mosquée de La Mecque et la tombe du prophète à Médine, c'est le troisième lieu saint de l'islam. Selon la tradition musulmane, c'est du haut de ce rocher que le prophète Mahomet s'est miraculeusement élevé dans le ciel une nuit de 619. Ce lieu est aussi sacré pour les juifs et les chrétiens, parce que les temples de Salomon et d'Hérode le Grand s'y trouvaient.

Islam
Un Dieu unique? Oui, Allah, le miséricordieux et le compatissant
Après la vie? Un jugement dernier suivi par le ciel ou l'enfer
Fondateur ou prophète? Le prophète Mahomet qui vécut en Arabie de vers 570 à 632.
Texte saint? Le Coran, parole d'Allah transmise à Mahomet par l'archange Gabriel
Prêtres? Aucun
Principal lieu saint? La Ka'ba à La Mecque en Arabie Saoudite.

Les mots de la chahada sont tissés sur le rideau qui recouvre les murs de la Ka'ba.

La Ka'ba est un bâtiment cubique de pierre grise ; la Pierre noire se trouve à l'intérieur dans le coin est.

« Il n'y a de Dieu qu'Allah et Mahomet est son envoyé. »

La *chahada* (la profession de foi)

Le peuple du Coran

Les musulmans croient que le Coran est la parole infaillible de Dieu, exprimant Sa volonté à l'égard de l'espèce humaine : définitive, parfaite et complète. Elle fut révélée de façon miraculeuse au prophète Mahomet à qui, bien qu'il fût illettré, on demanda de « lire » ou de « réciter » les mots qui lui étaient transmis par l'archange Gabriel pendant qu'il se trouvait dans un état de transe. Coran (*al-Qur'an*) signifie littéralement « récitation ». Son enseignement fondamental révèle le caractère de Dieu. Puis, par ordre d'importance, il enseigne qu'il y aura un jugement dernier, lorsque tous les êtres humains auront ressuscité et comparaîtront devant Dieu pour être jugés et envoyés au paradis ou en enfer selon leur comportement. Le Coran donne aussi beaucoup de conseils pour le comportement ici et maintenant. Une partie du Coran a été écrite à La Mecque, une autre à Médine après la *hijra* (hégire), ou émigration de Mahomet dans cette ville en 622. Mahomet commença à recevoir des révélations de Dieu vers 610 et il en reçut encore jusqu'à sa mort en 632. Cinquante ans après, ces révélations furent rassemblées à partir de sources orales et écrites pour constituer le Coran.

▲ Apprendre à réciter
Le Coran accompagne constamment le musulman. Depuis leur plus tendre enfance, les musulmans entendent ses mots chaque jour. À l'école on les incite à les apprendre par cœur. Souvent, ils apprennent à lire à partir de passages du Coran.

▲ Prêcher
Dans la mosquée, le *minbar*, ou chaire, se trouve à la droite du *mihrab*. Dans les premiers temps, il n'avait que trois marches, mais de nos jours il est souvent beaucoup plus richement décoré et de plus grande taille, comme celui-ci. Seul le prophète Mahomet a prêché depuis la dernière marche : l'imam, ou professeur, doit se trouver sur une marche inférieure. Les musulmans s'attendent à entendre un sermon lu depuis le *minbar* lorsqu'ils se rassemblent dans la mosquée le vendredi pour les prières de la mi-journée.

◀ L'archange Gabriel
Lorsque Mahomet eut quarante ans, il vit l'archange Gabriel apparaître devant lui sous une forme humaine pendant qu'il méditait dans une caverne près de La Mecque. L'archange lui transmit les paroles de Dieu. Au début, Mahomet se demanda s'il était en train d'imaginer tout cela, mais très vite il crut sincèrement qu'il entendait les paroles de Dieu. En tant que messager divin, il devait retransmettre les mots qu'il entendait aux habitants de La Mecque, prêcher l'existence d'un Dieu unique, Allah, et dénoncer le polythéisme (le culte de plusieurs dieux).

▲ Les noms de Dieu
Le Coran délivre un enseignement sur Dieu en le décrivant avec des noms, tels que Grand, Miséricordieux, Gardien ou Guide. Au total il existe 99 noms. Les musulmans les récitent en égrenant des rosaires de 33 grains et méditent sur ces noms. Certains passages, comme le fameux verset du Trône, sourate (chapitre) XXXIX, 75, écrit ici sur un gemme, décrit Dieu de façon éloquente et longue.

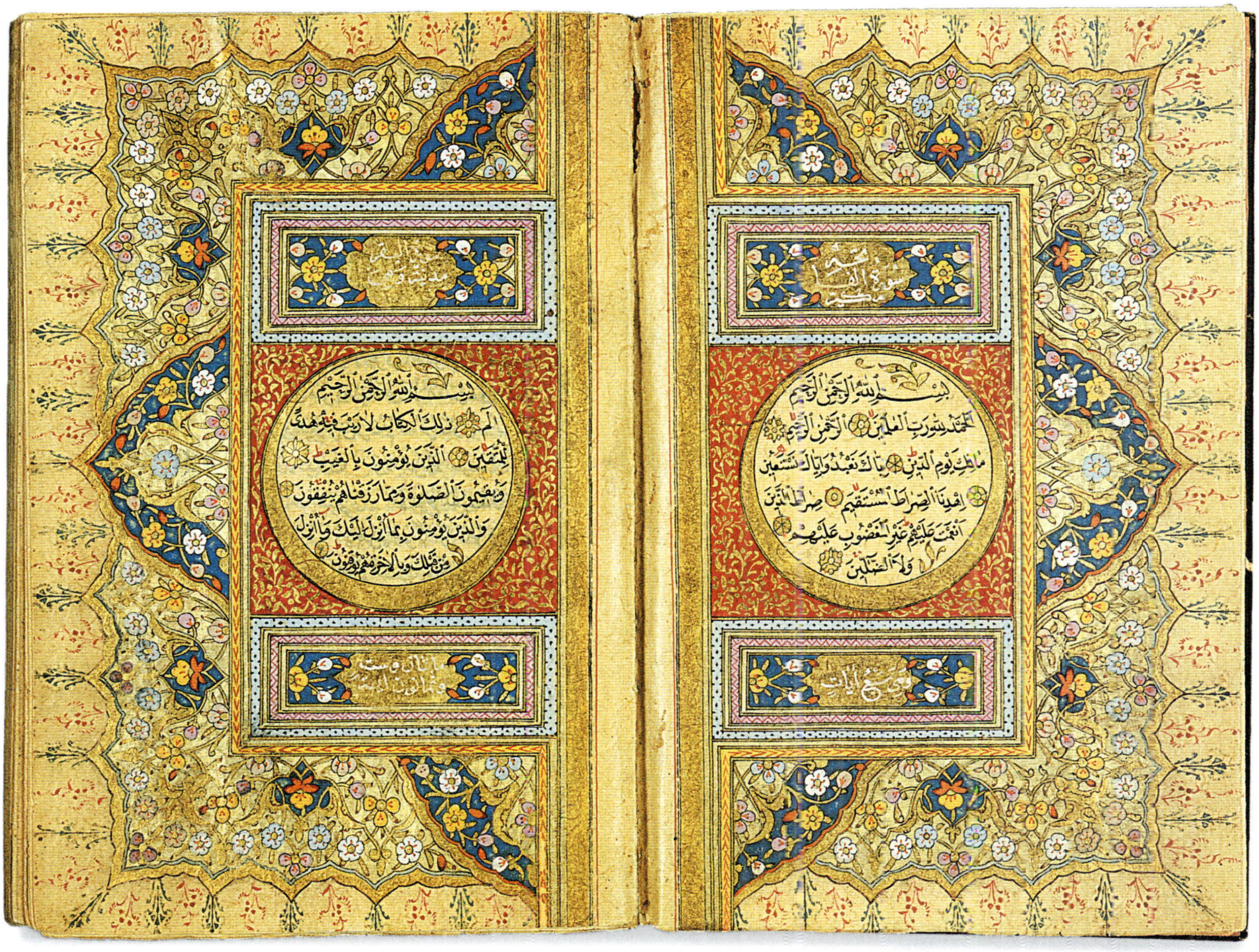

▲ Le Coran
Les musulmans croient que le Coran est la dernière d'une série de révélations envoyées au monde par Dieu, exprimant sa volonté pour l'humanité. La version officielle du Coran, écrite en arabe classique, fut rédigée vers 660 sous Uthman, le troisième successeur de Mahomet. Les musulmans le considèrent comme parfait et pensent qu'il est impossible de le traduire de l'arabe originel. Le Coran comporte 114 sourates. Il est souvent magnifiquement imprimé et décoré et peut être conservé dans des couvertures ou des coffrets spéciaux pour montrer sa valeur. Il ne peut être touché que par des musulmans qui se sont auparavant lavés de façon rituelle.

Le Coran du sultan Baybars. D'abord esclave turc, Baybars finit par gouverner l'Égypte de **1309** à **1310**. Il finança alors la création de nombreux objets d'art pendant son sultanat.

« Ô vous qui croyez !
Croyez en Dieu et en Son Prophète,
au livre qu'Il a révélé,
à Son prophète et au livre
qu'Il a révélé auparavant. »

CORAN, SOURATE DES FEMMES, 136

Le peuple de la mosquée

▲ La position de la prière
L'image ci-dessus montre un musulman qui se lave de façon rituelle et prie ensuite. Les musulmans respectent un nombre déterminé de « prosternations » pendant leur prière. Il existe un ordre établi de mouvements pendant lesquels les fidèles se prosternent deux fois (c'est-à-dire s'agenouillent puis se penchent très bas, face contre terre).

Pour les musulmans, l'islam devrait régler chaque partie de la vie d'un individu ou d'une nation, sans aucune distinction entre le religieux et le reste. La mosquée est au centre de la vie de la communauté et les mosquées peuvent être les principaux centres d'éducation et de travail social. Le Coran établit les règles gouvernant non seulement la vie d'un individu mais aussi celle de la communauté. Ces règles recouvrent tous les aspects du comportement religieux et social, depuis la prière, la charité, le jeûne et le pèlerinage jusqu'au mariage, l'héritage ainsi que la nourriture et la boisson. Le *hadith* (la tradition) est aussi très important ; c'est le récit de la vie et des activités de Mahomet et des premières communautés musulmanes. Il contient la *Sunna* (l'exemple) du Prophète – le modèle auquel tous les musulmans doivent aspirer. Le Coran et la *Sunna* forment ensemble la *chari'a* (la loi) qui est un guide détaillé de vie et de conduite donnant un code de comportement défini que doivent respecter les musulmans.

▲ L'appel à la prière
Cinq fois par jour, les musulmans sont conviés à la prière par un muezzin qui les appelle du haut d'un minaret (une tour dans la mosquée construite à cet effet). Les muezzins appellent en arabe, l'appel commence par « Allah est grand » et finit par « Il n'y a pas d'autre Dieu qu'Allah ! »

▼ À la mosquée
La mosquée comprend une cour extérieure avec de l'eau courante où les fidèles accomplissent leurs bains rituels, les ablutions, pour se préparer à la prière, et une vaste partie intérieure. Celle-ci est en général recouverte de tapis et de carpettes et il n'y a pas de meubles sauf la chaire, le lutrin et l'estrade. Ici les gens prient et écoutent le sermon du principal service hebdomadaire le vendredi après-midi.

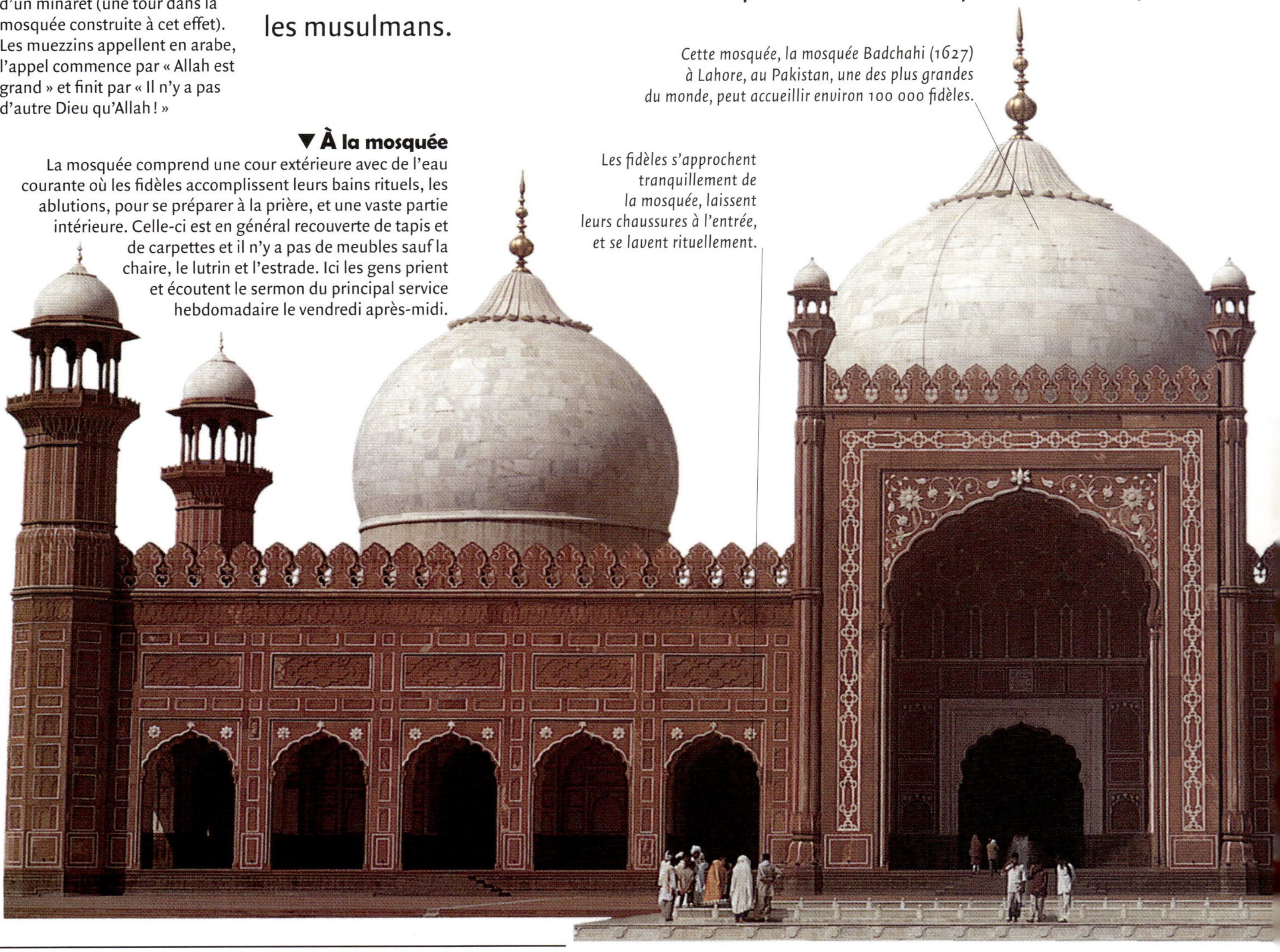

Cette mosquée, la mosquée Badchahi (1627) à Lahore, au Pakistan, une des plus grandes du monde, peut accueillir environ 100 000 fidèles.

Les fidèles s'approchent tranquillement de la mosquée, laissent leurs chaussures à l'entrée, et se lavent rituellement.

▶ Le soufisme
Le soufisme, mouvement qui fait partie de l'islam, se concentre sur l'expérience directe avec Dieu. Il se retrouve dans les deux branches de l'islam, le sunnisme et le chiisme. Certains soufis dansent pour pratiquer leur culte. Ils sont connus de tous sous le nom de « derviches tourneurs ».

« Allahu akbar – Dieu est le plus grand. »

Appel à la prière depuis le minaret.

La qibla indique la direction de La Mecque.

▲ Le tapis de prière
Lorsque les musulmans prient, ils font face à la Ka'ba à La Mecque. Pour trouver la direction de la Ka'ba, ils ont besoin d'une boussole spéciale appelée *qibla*. Elle fait partie intégrante de nombreux tapis de prière modernes comme celui-ci. Certains pays islamiques, comme l'Iran et la Turquie, ont développé le tissage traditionnel de superbes tapis et carpettes de prière.

▶ Les prières publiques
Ces fidèles, sous la direction d'un imam (enseignant religieux), se prosternent pendant leur prière. En se courbant, ils disent : « Gloire à Dieu, le Grand. » En se prosternant ils disent : « Gloire à Dieu, le Tout-Puissant. » Le mégaphone permet à tous les fidèles d'entendre et de suivre le guide.

Étendard chiite portant les noms d'Allah, de Mahomet et d'Ali, son gendre.

▶ Sunnites et chiites
Les sunnites sont majoritaires dans l'islam (90 %) et les chiites minoritaires (10 %). Les musulmans sunnites considèrent la *chari'a* élaborée avec l'accord de la communauté, comme leur guide essentiel et croient qu'après la mort de Mahomet, les califes (les chefs) qui lui ont succédé étaient légitimes. Les musulmans chiites croient que seuls les descendants de la fille de Mahomet, Fatima, et de son mari, Ali, auraient dû lui succéder. Ils pensent qu'après la mort d'Ali, Dieu a envoyé les imams (enseignants religieux) descendants d'Ali comme ses messagers infaillibles.

Les nouvelles spiritualités

Des confessions moins connues ont vu le jour au cours des deux cents dernières années. Certaines, comme l'Église de Jésus-Christ des saints des derniers jours (mormons), l'Église de l'Unification (secte Moon) et le mouvement Hare Krishna, s'inspirent de religions établies, tandis que d'autres, telle l'Église de scientologie, sont totalement nouvelles. Si nombre de ces mouvements spirituels sont parvenus à s'imposer, quelques-uns sont très controversés pour leurs méthodes de recrutement et leur gestion financière.

La foi bahaïe

Le bahaïsme a été fondé en Perse (Iran actuel) au XIXe siècle par le prophète Baha Allah (1817-1892). La religion, qui a gagné en popularité au cours des cent cinquante dernières années, compte désormais des adeptes dans presque tous les pays du monde. Les disciples de Baha Allah, appelés bahaïs, croient en un Dieu unique, en une religion universelle et en l'unité du genre humain. Ils œuvrent pour la paix dans le monde et pour la justice sociale.

Histoire

Baha Allah était le disciple d'un enseignant musulman perse, Sayyid Ali Muhammad Sirazi (1819-1850), qui prit le titre de Bab (« la Porte »), annonçant la venue d'un grand chef religieux, « Celui que Dieu manifestera ». En 1863, Baha Allah déclara qu'il était ce messager, perpétuant la tradition des éminentes figures religieuses que furent Abraham, Moïse, Jésus, Mahomet et le Bab. À sa mort, la direction du mouvement revint à son fils, puis à un directoire composé de neuf membres élus.

Écritures et croyances

Les Écritures bahaïes regroupent les textes du Bab et de Baha Allah, ainsi que des interprétations de ces livres sacrés, rédigées ultérieurement. Dans les deux œuvres clés, le *Kitab-i-Aqdas* (le Livre des lois) et le *Kitab-i-Iqan* (le Livre de la certitude), Baha Allah prédit la venue d'un représentant de Dieu tous les mille ans. Ces messagers ne sont pas des incarnations de Dieu ; ils délivrent ses enseignements sur Terre sous une forme adaptée à l'époque durant laquelle ils apparaissent.

Codes et pratiques

Chaque jour, les bahaïs prient, méditent et étudient les Écritures. Le culte se déroule à domicile, dans les centres bahaïs et les huit grandes « maisons d'adoration ». La foi bahaïe ne connaît ni clergé ni rituels. Seules certaines prières, appelées « prières obligatoires », sont récitées quotidiennement. Le bahaïsme prône l'égalité entre les hommes et les femmes, et interdit des pratiques telles que les jeux de hasard ou la consommation d'alcool et de drogues. Les bahaïs ne font pas de politique.

Le temple du Lotus, à New Delhi, en Inde, l'une des huit « maisons d'adoration » bahaïes

Hare Krishna

Le moine A.C. Bhaktivedanta Swami Prabhupada (1896-1977)

Hare Krishna est l'appellation courante de l'ISKCON (*International Society for Krishna Consciousness*, ou Association internationale pour la conscience de Krishna), qui s'inscrit dans la tradition hindoue du vishnouisme.

Histoire

Le mouvement a été fondé au XVIe siècle au Bengale par Sri Chaitanya (1485-1534), qui prônait la bhakti (dévotion à Krishna) et rejetait le système des castes. Il fut introduit en 1965 en Occident par le moine A.C. Bhaktivedanta Swami Prabhupada.

Écritures et croyances

La théologie de Hare Krishna s'appuie sur les *Veda* (livres sacrés hindous) et les écrits apparentés. Les adeptes croient en un Dieu unique, Krishna, tout en reconnaissant les divinités secondaires. La doctrine repose sur la croyance selon laquelle tous les êtres vivants sont doués de spiritualité, mais l'âme, en quête de bonheur terrestre, ne cesse de se réincarner sous la forme de végétaux et d'animaux.

Lorsqu'elle prend une forme humaine, l'âme s'élève ou s'abaisse selon la manière dont elle choisit de vivre. En s'abandonnant à la divinité, elle peut briser le cycle des renaissances pour regagner le royaume spirituel et la vie éternelle au service de Krishna.

Codes et pratiques

Les adeptes de l'ISKCON chantent, étudient les textes sacrés et pratiquent le bhakti-yoga. Les hommes jeunes, moines novices, portent des robes safran et ont le crâne rasé.

Les pratiquants, végétariens, ne consomment pas de drogues, d'alcool, de thé, de café ni de tabac. Ils renoncent aux jeux de hasard et à la sexualité en dehors du mariage.

Église de Jésus-Christ des saints des derniers jours

Le temple mormon, à Salt Lake City, aux États-Unis

Souvent appelés mormons, les membres de cette confession sont chrétiens, mais ils prétendent qu'après la mort du Christ et de ses apôtres, l'Église s'est éloignée de sa doctrine. L'apôtre Pierre a prédit que Jésus restaurerait son Église. Pour les mormons, ce processus a commencé en 1820, lorsque le prophète Joseph Smith (1805-1840) a établi l'Église de Jésus-Christ des saints des derniers jours, selon les enseignements originaux du Christ.

Histoire

Joseph Smith, qui fonda l'Église mormone à New York, fut son premier président et son premier prophète. À sa mort, en 1844, Brigham Young lui succéda, et il conduisit les mormons au Grand Lac Salé, dans l'État de l'Utah. Son siège se trouve depuis à Salt Lake City. Les communautés mormones prospèrent aujourd'hui dans une centaine de pays, en partie grâce au travail des jeunes missionnaires qui sillonnent le monde en tous sens.

Écritures et croyances

Trois livres sacrés mormons complètent la Bible :

* *Le Livre de Mormon, un autre témoignage de Jésus-Christ*, relate la visite de Jésus dans l'Amérique ancienne après sa Résurrection.
* *Les Doctrine et Alliances* rassemble les révélations de Joseph Smith et celles de ses successeurs.
* *La Perle de Grand Prix* livre le récit de Joseph Smith sur la fondation de l'Église et sa transcription des paroles de Moïse et d'Abraham.

Pour les mormons, la Bible et le *Livre de Mormon* sont la parole de Dieu. Ils croient au don des langues, de prophétie, de révélation et de guérison, ainsi qu'à la création d'une nouvelle Jérusalem sur le continent américain.

Les mormons considèrent la famille comme le fondement de l'Église et de la société. Certains ont pratiqué brièvement la polygamie au XIXe siècle, mais elle a été interdite en 1889.

Codes et pratiques

L'Église mormone, qui soutient les valeurs chrétiennes, encourage notamment la solidarité. Les prescriptions en matière de santé – la Parole de Sagesse – interdisent de fumer et de boire de l'alcool, du thé et du café.

L'Église autorise le baptême rétroactif des morts (et révise la liturgie du mariage, transformant « jusqu'à ce que la mort nous sépare » en « pour l'éternité »). Elle invite donc ses adeptes à rechercher leurs ascendants de sorte que leurs ancêtres, même s'ils appartenaient à une autre confession, viennent, une fois baptisés, grossir les rangs de cette Église relativement récente. À cette fin, d'importantes archives généalogiques sous formes de microfilms, accessibles à tous, sont rassemblées dans des grottes de granit, dans l'Utah.

Église de l'Unification

L'Église de l'Unification, ou Association de l'Esprit-Saint pour l'Unification du christianisme mondial, plus connue sous le nom de secte Moon, a été fondée par le révérend Sun Myung Moon (1920-2012). Dans son ouvrage *Les Principes divins*, Moon affirme que Dieu avait pour dessein de créer des familles parfaites qui se multiplieraient dans une relation parfaite avec lui. Mis à mal par la chute de l'homme, ce plan aurait été concrétisé, selon les moonistes, durant le ministère du révérend Moon et de sa femme.

Histoire

La mission du révérend Moon lui a été inspirée par une vision de Jésus pendant son adolescence en Corée. En 1954, il établit l'Église de l'Unification et créa ensuite de nombreuses organisations dans le domaine de la religion, de la politique, des médias et des arts pour mener son projet à bien – notamment le Conseil au sommet pour la paix dans le monde, la Fédération internationale pour la victoire sur le communisme et la Compagnie de ballet universelle.

Lors du 40e anniversaire de la fondation du mouvement, en 1994, Moon déclara qu'il avait atteint le terme d'un cycle majeur, signant la fin de l'Église de l'Unification telle qu'elle était alors. Il annonça que Dieu rencontrerait désormais l'homme au sein de la famille, et inaugura la Fédération familiale pour la paix dans le monde et l'unification.

Écritures et croyances

La Bible, *Les Principes divins* et des extraits des sermons du révérend Moon constituent les textes sacrés de l'Église.

Le révérend Moon recense trois problèmes dans le monde actuel : l'absence de moralité conduisant à l'égoïsme ; le déclin du christianisme et le manque d'unité parmi les confessions ; l'influence d'idéologies qui renient Dieu, tel le communisme. Le mariage et la famille sont, selon lui, la seule voie menant au salut.

Codes et pratiques

Le mariage collectif est le principal rituel de l'Église de l'Unification. Les partenaires choisis par le révérend Moon ont néanmoins le droit de rejeter sa décision. Les couples font vœu de fidélité et s'engagent à créer une famille qui vivra selon les principes du mouvement et contribuera à la paix dans le monde.

Mariage collectif de l'Église de l'Unification

Chronologie des religions

Cette chronologie permet de comparer l'évolution et les événements marquants des principales religions. Chaque case couvrant deux cent cinquante années, les dates ne peuvent être qu'approximatives, et certaines – telles celles concernant la vie du Bouddha – sont inconnues ou controversées. Pour plus de précisions, se reporter aux pages concernées. Les périodes très étendues, comme celle du védisme hindou, sont indiquées par un *, et les noms des écrits importants figurent en *italique*.

Statistiques

Les chiffres indiqués ci-dessous, approximatifs, sont donnés à des fins de comparaison. Cet ouvrage ne traite pas de toutes les religions de manière exhaustive. Pour davantage d'informations, se reporter aux sites Internet répertoriés p. 69.

Religion	Adeptes	Religion	Adeptes
Christianisme	2 100 000 000	Sikhisme	23 000 000
Islam	1 600 000 000	Judaïsme	14 000 000
Hindouisme	950 000 000	Confucianisme	6 500 000
Bouddhisme	380 000 000	Jaïnisme	4 200 000
Religions animistes	100 000 000	Shintoïsme	4 000 000

	2000–1750 av. J.-C.	1750–1500 av. J.-C.	1500–1250 av. J.-C.	1250–1000 av. J.-C.		750–500 av. J.-C.	500–250 av. J.-C.	250 av. J.-C. –0	
Religions anciennes	*Ancien et Moyen Empires égyptiens	Âge du bronze en Scandinavie	*XVIIIe dynastie égyptienne	Zoroastre, fondateur du zoroastrisme		Temps archaïques, Grèce Rome antique	Grèce classique *Début de la République romaine	*Époque hellénistique, Grèce *Apogée et fin de la Rép. romaine	
Religions indiennes	*Civilisation de la vallée de l'Indus		*Période védique	*Brahmanas* (textes hindous)	Guerre du *Mahabharata* (hindoue) Parshva, 23e *Tirthankara* jaïn	Mahavira, 24e *Tirthankara* jaïn	Épopées et premiers *Puranas* (hindous)	*Bhagavad-Gîta* (hindoue)	
Bouddhisme							Le Bouddha Premier concile de Rajagriha	Roi Aśoka Roi Milinda/ Ménandre Sutra du Lotus	
Religions japonaises									
Religions chinoises	*Dynastie Xia *Yijing*	*Dynastie Shang		*Dynastie Zhou	**Tiang-ming* (le « Mandat céleste »)	Période des printemps et automnes Confucius (Kong fou-tseu)	Lao-Tseu (père du taoïsme)	*Dynastie Qin *Han antérieurs Le confucianisme est religion d'État.	
Judaïsme	Abraham, Isaac et Jacob Installation en Canaan			Moïse et l'Exode	Conquête de Jérusalem par David Salomon et le Temple		Construction du second Temple	Extension du Temple Hérode le Grand	
Christianisme									
Islam									

Fravashi

Moine bouddhiste novice

Symbole jaïn représentant la paix

Symbole taoïste yin-yang

Carreau de céramique islamique

Chapelet catholique

Le livre sacré, écrit principalement en pendjabi ancien et en hindi, contient des passages rédigés en sanskrit, en persan et en khari boli.

La version standard de l'Adi Granth compte 1 430 pages.

Adi Granth
Chaque religion a son livre sacré. Pour les sikhs, c'est l'Adi Granth, ou « texte principal ». Les exemplaires de ce recueil étant très précieux, la plupart des sikhs en possèdent une version raccourcie, le *Gutka*, qui rassemble les passages récités durant la prière quotidienne.

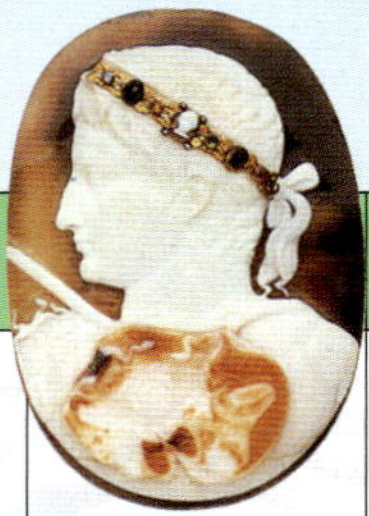

0–250		500–750	750–1000	1000–1250	1250–1500	1500–1750	1750–2000	
Apogée de l'Empire romain	**Empereur Auguste**		Les Parsis s'établissent en Inde.			**Chapelet sikh**	Persécution des zoroastriens, Iran	**Religions anciennes**
Vishnu Purana *Vishnouisme *Shivaïsme (hindous)	Concile jaïn de Valabhi	*Période des *Upanishads* *Mouvement de la bhakti (hindous)	*Bhagavata-Purana* (hindou) Sanctuaire de Bahubali (jaïnisme)	Composition des tantra		Guru Nanak Guru Govind Singh et l'*Adi Granth*	Mahatma Gandhi Partition de l'Inde Hare Krishna	**Religions indiennes**
*Bouddhisme Mahayana Le bouddhisme pénètre en Chine.	*Bouddhisme tibétain Le bouddhisme pénètre en Corée.	Le bouddhisme pénètre au Japon. *Bouddhisme tantrique	Le bouddhisme s'impose en Corée et en Chine.	Moine Eisai et bouddhisme zen	Temple du Bayon (secte Nichiren), Cambodge	Le bouddhisme est restauré au Sri Lanka	Bouddhisme Chogye en Corée Soka-Gakkai au Japon	**Bouddhisme**
	Fondation du sanctuaire d'Ise	*Période de Nara Le bouddhisme devient religion d'État au Japon.	Compilation du *Kojiki* et du *Nihongi* (shintoïsme)	Dogen et bouddhisme zen	Théâtre Nô	Motoori Norinaga (érudit shinto)	Religion Tenrikyo Religion Soka Gakkai	**Religions japonaises**
*Dynastie Xin Han postérieurs Bouddhisme en Chine	Dynastie Chen Propagation du bouddhisme et du taoïsme	*Dynastie Sui Bouddhisme d'État *Dynastie Tang	*Cinq Dynasties Répression du bouddhisme	*Dynastie Son Renaissance du confucianisme	*Dynastie Yuan Bouddhisme tantrique *Dynastie Ming	*Dynastie Qing	Révolte des Taiping Révolution culturelle	**Religions chinoises**
Destruction du Temple Les rabbins refondent le judaïsme.			***Menorah* juive à sept branches**		Impression d'un livre de prières Expulsion des juifs d'Espagne	Les communautés ashkénazes et séfarades se développent.	Hassidisme et sionisme La Shoah Fondation de l'État d'Israël	**Judaïsme**
Jésus Pierre Nouveau Testament	Saint Martin de Tours diffuse le christianisme en Gaule. Chute de Rome	Saint Benoît et le monachisme Saint Augustin, père de l'Église catholique	Charlemagne Orthodoxie en Russie	1re croisade Saint François et sainte Claire Cisterciens	Dominicains Inquisition espagnole	Réforme Ignace de Loyola et les jésuites Missions dans le Nouveau Monde	Église de Jésus-Christ des saints des derniers jours Église de l'Unification	**Christianisme**
		Mahomet Dôme du Rocher Scission sunnisme/chiisme	Mosquée de Cordoue *Soufisme		*Empire ottoman Prise de Constantinople	Soliman Ier (sultan ottoman) *Empire moghol en Inde	Réforme islamique Fin du califat Fondation du Pakistan	**Islam**

Pour en savoir plus

Les lieux de culte des principales religions fournissent des renseignements sur les croyances et leur mode de fonctionnement. La vieille ville de Jérusalem, centre spirituel des trois grandes religions – christianisme, islam et judaïsme –, offre un intérêt culturel et historique sans pareil. Pour les chrétiens, Jérusalem est le site de la crucifixion du Christ. Pour les musulmans, c'est le lieu de l'ascension céleste de Mahomet. Pour les juifs, c'est Sion et la cité de David. Les simples pratiquants ou les passionnés par l'histoire des religions y découvrent des sites majeurs. Non loin de Jérusalem se trouvent Bethléem, lieu de naissance du Christ ; le mont Sinaï, où Moïse reçut les Dix Commandements ; Aqaba, étape importante sur l'itinéraire de pèlerinage à La Mecque. La plupart des religions ont leurs sites sacrés : le Temple d'or, à Amritsar, est le centre du sikhisme ; la cité de Bénarès est sacrée pour tous les hindous.

▶ Vierge à l'Enfant, Bethléem
Les catholiques romains, les Arméniens et les orthodoxes grecs se partagent l'administration de l'église de la Nativité, élevée au VIe siècle sur le site de la naissance du Christ. Cette Vierge à l'Enfant (ci-contre) appartient à l'Église orthodoxe grecque, en charge de l'autel situé dans la grotte de la Nativité, cœur spirituel de l'édifice.

Hommes et femmes prient séparément, chacun d'un côté, devant le mur des Lamentations.

◀ Mur des Lamentations
La place qui s'étend au pied du Mur des Lamentations – vestige du Temple – est une vaste synagogue de plein air où les juifs viennent du monde entier pour prier et assister aux offices. Certains glissent dans les interstices entre les pierres de petits morceaux de papier sur lesquels sont écrites des prières.

▲ Église du Rédempteur, Jérusalem
L'église du Rédempteur, luthérienne, a été érigée en 1898 par l'empereur allemand Guillaume II sur les vestiges d'une église catholique du XIe siècle, comme en témoignent de nombreux détails médiévaux. Le cloître des Croisés (ci-dessus), datant des XIIIe-XIVe siècles, a été intégré dans la construction.

▶ Temple d'or, Amritsar
Principal sanctuaire sikh, le Temple d'or, ou Hari Mandir (« temple de Dieu »), à Amritsar, a été achevé en 1601. Mais ses murs n'ont reçu leur parement de cuivre doré à l'or fin qu'au début du XIXe siècle. L'édifice, qui se dresse au milieu d'un lac, est relié à la promenade qui l'entoure (*parikrama*) par une passerelle de marbre de 60 mètres.

▼ Istanbul
Fondée sur le site de l'antique Byzance, Istanbul s'appelle d'abord Constantinople – la ville de Constantin. À cette époque, et aujourd'hui encore, elle est un important centre pour le monde orthodoxe des Églises d'Orient. En 1453, la ville tombe aux mains des Ottomans et devient la capitale de leur empire. De 1609 à 1616, sous le règne d'Ahmet Ier, est érigée la mosquée éponyme (ci-dessous), connue aussi comme Mosquée bleue en référence à ses magnifiques mosaïques. Sainte-Sophie, autre édifice majeur d'Istanbul, est une ancienne basilique chrétienne du VIe siècle, convertie en mosquée puis en musée.

Quelques sites Internet

- Portail consacré aux religions et croyances du monde entier.
fr.wikipedia.org/wiki/Portail:Religions_et_croyances
- Site du magazine bimestriel du même nom, consacré aux religions.
www.lemondedesreligions.fr
- Site de l'Institut européen en sciences des religions, organisme rattaché à l'École pratique des hautes études, qui assure des formations en sciences des religions.
www.iesr.ephe.sorbonne.fr
- Site de l'émission hebdomadaire « Les Racines du ciel » consacrée aux religions sur France Culture et animée par Frédéric Lenoir, philosophe et historien des religions.
www.franceculture.fr/emission-les-racines-du-ciel

Statue de Parvati, épouse de Shiva, à Bénarès

Des lieux à visiter

Jérusalem chrétienne
Dominant la Ville sainte pour les chrétiens, l'ensemble du Saint-Sépulcre englobe le rocher du Golgotha, où le Christ fut crucifié, et son tombeau, site sacré par excellence. L'église Saint-Jean-Baptiste, berceau de l'ordre des chevaliers hospitaliers, mérite aussi une visite, de même que l'église luthérienne du Rédempteur avec son cloître médiéval.

Jérusalem juive
Dans la vieille ville, le mur des Lamentations, ou Kotel, est le site le plus sacré du judaïsme. Ce lieu de pèlerinage est constitué des vestiges du Temple élevé pour abriter l'arche d'alliance. À proximité se situent le Musée archéologique Wohl, abritant les restes de demeures juives de l'époque de Hérode le Grand, et les quatre synagogues séfarades, dont deux datent du XVIIe siècle. (Les Juifs séfarades sont d'ascendance espagnole et portugaise.)

Jérusalem musulmane
Le Dôme du Rocher, érigé comme symbole de la gloire de l'islam, se signale au regard par sa remarquable architecture. À côté, le petit Dôme de la Chaîne arbore de superbes carreaux de céramique. Le principal lieu de culte islamique à Jérusalem reste néanmoins la mosquée d'al-Aqsa, bâtie au début du VIIIe siècle.

Temple d'or, Amritsar, Inde
Principal sanctuaire du sikhisme, le Temple d'or (qui doit son nom à ses murs dorés), situé au Pendjab, dans le nord-ouest de l'Inde, est le symbole vivant des traditions spirituelles et historiques de la confession. Le temple est entouré d'une pièce d'eau. L'accès s'effectue par quatre entrées symbolisant, dans l'esprit de tolérance qui caractérise le sikhisme, son ouverture à tous les peuples et à toutes les croyances.

Bénarès, Inde
Principal lieu de pèlerinage dans la religion hindoue, Varanasi porte aussi le nom de Kashi, la Cité de la Lumière, et de Benarès, à la suite de la colonisation britannique. Les pèlerins font des offrandes dans les sanctuaires qui jalonnent les berges du Gange, fleuve sacré, vénéré par les hindous sous les traits de la déesse Ganga.

Le Saint-Siège, Rome, Vatican
Sur une superficie de 0,44 km², enclavé au cœur de Rome, le Vatican est le plus petit État au monde. La basilique Saint-Pierre, la plus vaste église de la chrétienté, se dresse sur la place du même nom. Important lieu de pèlerinage, elle abrite selon la tradition catholique le tombeau de Pierre, l'un des douze apôtres de Jésus et le premier évêque de Rome. Chaque mercredi matin lorsqu'il est à Rome, le pape successeur de saint Pierre, reçoit tous les pèlerins lors de l'audience générale.

Basilique Saint-Pierre

Glossaire

Ange (christianisme)

Adi Granth Livre sacré des sikhs, contenant les poèmes spirituels composés par les dix gourous.

Ahimsa Non-violence, principe figurant au centre des doctrines jaïne et hindoue.

Âme Partie spirituelle d'une personne qui survit à la mort corporelle.

Ange Messager divin ou guide spirituel.

Ankh Croix ansée ; dans l'Égypte ancienne, seuls les dieux et les rois avaient le droit de porter ce symbole de vie.

Apôtre Littéralement « envoyé » ou « messager » ; il s'agit au début des douze disciples que Jésus a choisis pour propager son message à travers le monde.

Enluminure médiévale représentant un baptême

Ascète Personne qui pratique le renoncement et s'astreint à une discipline stricte pour atteindre l'éveil spirituel. L'ascète consacre une grande partie de son temps à la prière et à la contemplation.

Au-delà Tout ce qui concerne la vie après la mort.

Baptême Sacrement chrétien consistant à immerger une personne dans l'eau ou à l'asperger en signe de purification pour signifier son entrée dans la communauté de son Église. Elle reçoit alors souvent son nom à cette occasion.

Bar-mitsva ou ***Bat-mitsva*** Dans le judaïsme, cérémonie marquant l'entrée dans l'âge adulte : pour les garçons *bar-mitsva* (« fils du commandement ») et pour les filles *bat-mitsva*.

Bible Le livre sacré des juifs qui correspond pour les chrétiens à l'Ancient Testament auquel ces derniers ajoutent les Évangiles qui racontent la vie du Christ et de ses disciples.

Chaman Prêtre ou sorcier capable d'entrer en contact avec les esprits.

Confession Religion ou secte.

Coran La parole de Dieu révélée au prophète Mahomet ; c'est le livre sacré des musulmans.

Création Dans la religion chrétienne, tout ce qui existe et qui a été créé par Dieu.

Croix Symbole de la crucifixion de Jésus et emblème de la foi chrétienne.

Crucifixion Manière d'exécuter les opposants ou les rebelles dans l'Empire romain, consistant à clouer le condamné sur une croix et à le laisser mourir ainsi ; toute représentation du supplice de Jésus.

Démon Ange déchu ou diable ; être surnaturel, souvent malveillant.

Disciple Personne qui adhère à la doctrine d'un chef religieux.

Divinité Dieu unique (comme dans le christianisme) ou un dieu parmi d'autres (comme dans les religions de l'Égypte ou de la Rome anciennes).

Doctrine Ensemble des croyances propres à une religion.

Écritures Livre sacré ou recueil de textes religieux.

Église Édifice réservé à la pratique du culte dans le christianisme ; terme désignant l'ensemble de la communauté chrétienne, et s'appliquant aux différentes confessions chrétiennes.

Enfers Dans de nombreuses religions anciennes, lieu de séjour des morts situé sous la surface de la Terre.

Détail d'un coffret sculpté en ivoire provenant de la Rome antique, figurant la crucifixion de Jésus.

Étoile de David Symbole de la foi juive, figuré par une étoile à six branches.

Évangile Message de Jésus ; ensemble des quatre livres du Nouveau Testament rapportant la vie et les paroles de Jésus ; ce terme désigne aussi chacun de ces livres (Évangiles de Matthieu, Marc, Luc et Jean).

Fravashi Esprit protecteur dans le zoroastrisme ; les *fravashi* représentent le bien ou l'essence divine en chacun de nous.

Gurdwara Temple sikh ; littéralement la « porte du gourou ».

Hérétique Personne qui adhère à des croyances qui contredisent la doctrine religieuse principale de son Église.

Idéologie Ensemble d'idées, de croyances érigé en système.

Naga hindou

Imam Musulman savant dans les rites, il dirige la prière dans une mosquée.

Immortel Qui n'est pas soumis à la mort ; qui demeure dans la mémoire.

Incarnation Processus par lequel un dieu prend l'apparence d'un être animé, souvent humain.

Kami Dans le shintoïsme, divinités ou esprits surnaturels. Les éléments naturels, d'essence divine, sont appelés *kami*.

Karma Dans l'hindouisme et le bouddhisme, croyance selon laquelle l'existence présente de tout individu est déterminée par les actes qu'il a accomplis dans ses vies antérieures.

Lama Moine bouddhiste au Tibet et en Mongolie.

Liturgie Ensemble des principes qui régissent un culte.

Mandir Temple ou lieu de culte hindou.

Mantra Dans les rituels hindous et bouddhistes, syllabe sacrée ou prière répétées à plusieurs reprises.

Méditation Exercice spirituel visant à libérer l'esprit du flot incessant des pensées.

Mihrab Niche creusée dans le mur d'une mosquée pour indiquer la direction de La Mecque, ou *qibla*.

Moksha Chez les hindous, c'est la libération du cycle des renaissances et des réincarnations.

Monothéisme Religion affirmant la croyance en un seul dieu.

Mosquée Lieu de culte musulman.

Naga Pour les hindous, serpent sacré aux pouvoirs protecteurs.

Nirvana Dans l'hindouisme et le bouddhisme, état de sérénité suprême auquel les pratiquants accèdent en maîtrisant leurs désirs et en se libérant du karma.

Nishan Sahib Emblème de la foi sikh, composé d'un anneau de métal, d'un sabre à deux tranchants et de deux épées incurvées, croisées, à l'extérieur.

Sarcophage romain

Om Syllabe sacrée que les hindous prononcent ou chantent au début et à la fin des prières.

Polygamie Pratique consistant à être marié à plusieurs femmes (ou à plusieurs hommes, dans ce cas, on parle de polyandrie).

Polythéisme Religion proclamant l'existence de plusieurs dieux.

Prophète Personne inspirée par Dieu, qui délivre un message qui annonce des événements.

Masque de chaman provenant de l'Alaska

Prophétie Annonce d'un événement.

Puja Culte ou hommage rendu à une divinité hindoue.

Réincarnation Croyance selon laquelle chaque individu vit plusieurs existences différentes sur Terre, son âme habitant chaque fois un autre corps après la mort.

Relique Partie du corps d'un saint ou d'une sainte, ou l'un de ses biens, conservé après sa mort comme objet de vénération.

Renaissance Éveil spirituel, passage de l'enfance à l'âge adulte ou de la mort à la vie, souvent symbolisé par l'immersion dans l'eau ou l'aspersion d'eau.

Résurrection Retour miraculeux de la mort à la vie.

Rituel Ensemble de rites religieux.

Sacrement Cérémonie religieuse ou rite symbolisant une étape ou un état spirituel ; le baptême, le mariage et la communion sont des sacrements chrétiens.

Sacrifice Offrande à un dieu ou à des dieux, il peut prendre la forme de l'immolation d'un être vivant ou du renoncement à un plaisir ou à un bien.

Sadhou En Inde, sage ou ascète errant.

Sanctuaire Autel ou édifice utilisé pour le culte.

Sarcophage Cercueil de pierre, généralement finement et bien décoré.

Secte Groupe de personnes adeptes d'une doctrine religieuse différente de celle d'une Église établie dont elles se sont séparées. Il peut aussi s'agir d'une organisation religieuse dont les buts sont obscurs et qui semble plutôt viser à manipuler des personnes en situation de faiblesse.

Shabbat Jour de repos dans le judaïsme.

Stupa Monument, le plus souvent en forme de dôme, abritant des reliques du Bouddha, des objets lui ayant appartenu ou sa doctrine.

Synagogue Dans le judaïsme, édifice réservé au culte et à l'enseignement religieux.

Temple Édifice consacré au culte d'une divinité (ou de plusieurs) ou de tout objet de vénération lieu de culte des protestants.

Théologie Étude de la religion ; analyse rationnelle d'un point de dogme.

Tombeau Monument funéraire dressé au-dessus d'une tombe.

Torah La Loi de Moïse, consignée dans les cinq premiers livres de la Bible hébraïque, est traditionnellement imprimée sur des rouleaux munis de poignées décorées ; Torah signifie « enseignement » et « loi ».

Transmigration Passage de l'âme d'un corps à un autre durant le processus de réincarnation.

Trinité Concept chrétien d'un Dieu unique réunissant trois entités ou personnes : le Père, le Fils et le Saint-Esprit.

Veda Les plus anciens textes sacrés hindous sont des hymnes et des chants à la gloire des dieux. Les *Veda* qui se transmettaient oralement à l'origine, contiennent des vérités éternelles, selon les hindous.

Ying-yang Symbole taoïste consistant en un cercle partagé par une ligne incurvée entre une moitié claire et une moitié sombre. Il représente les deux moitiés opposées et complémentaires du Tao, ou « véritable chemin qui mène au ciel ».

Rouleaux de la Torah

Index

Notes

Dorling Kindersley tient à remercier : The Ashmolean Museum (Andrew Topsfield) ; Surinder Singh Attariwala ; The Bristish Museum (Richard Blurton, Dylan Jackson, Graham Javes, Chris Kirby, Jane Newsom) ; The Buddhapadipa Temple (venerable Phrakru Lom) ; The central London Gurdwara (Bhupinder Bhasin Singh) ; David and Barbara Farbey ; Glasgow Museums (Patricia Bascom, Jim Dunn, Ellen Howden, Antonia Lovelace, Mark O'Neil, Winnie Tyrell) ; Golders Green United Synagogue (Philip Solomons) ; Dr Ian L. Harris, Principal Lecturer in Religious Studies, University College of St Martin, Lancaster ; Professor John Hinnells, Professor of Comparative Religion, School of Oriental and African Studies, University of London ; Dora Holzhandler ; The Jewish Museum (Alisa Jaffa) ; New World Aurora, Neal's Yard, Covent Garden ; The Powell-Cotton Museum, Birchington, Kent (Derek et Sonja Howlett, malcolm harman) ; Dr John Sheperd, reader in religious Studies, University College of St Martin, Lancaster ; Indarjit Singh ; K. S. Singh ; Westminster cathedral (Father Mark Langham) ; The Zoroastrian Trust Funds of Europe (Incorporated) (Rusi Dalal).
Susila Baynars, Ann Cannings, Miriam farbey, Julie Ferris, Jason Gonsalves, Iain Morris, Andrew Nash, Sailesh Patel, Kati Poynor, Miranda Smith, Helena Spiteri, Nicki Waine, Saillie Alane Reason, Marion Dent.

Iconographie

Photographies complémentaires de Janet Peckham du British Museum.

h = haut, b = bas, c = centre, g = gauche, d = droite

Ancient Art & Architecture Collection : 59hd ; ASAP/Gadi Geffen 50bg ; Ashmolean Museum, Oxford 57hg ; Bridgeman Art Library, London/ Victoria & Albert Museum, London 25hg ; Bibliothèque nationale, Paris 36hg ; Bristish Library 40hg,56bd ; Giraudon/ Musée Condé, Chantilly 53, 61bd ; Oriental Museum, Durham University 29d ; Osma-Soria Chapter House, Soria/Index 55bg ; Staatliche Museen, berlin 13hg ; Staats und Universitätsbibliothek, hamburg 46hg ; Tretyakov Gallery, Moscou 52c ; British Museum 4c, 8-9b, 8hd, 8c, 8hg, 9hc, 9hg, 9cg, 12bd, 12hg, 12bg, 61hg ; E.T. Archive/National Museum of Denmark 57hd ; Mary Evans Picture Library 24hd, 37bcg, 62hd ; Werner Forman Archive 6hd, 38hd ; Musée Guimet, Paris 28bd ; Glasgow Museums/ The Burrell Collection 13g, 37bd, 55bd ; St Mungo Museum of Religious Life & Art 19d ; © Dora Holzhandler 50bd ; Sally et Richard Greenhill/Sam Greenhill 32hg ; Sonia Halliday Photographs 12 hd, 46c ; Robert Harding Picture Library 6hg, 7hg, 20hd, 26hg, 26bg, 30cd, 30hg, 38hg, 42dc, 48hd, 56hd, 58c, 63c, ; Hutchinson Library 18c ; Nick Haslam 33bg ; Eile Salmanov 45 hd ; Michael MacIntyre 39hd ; Images Colour Library 34bg ; Impact/Christopher Cormack 42gc ; G. Mermet/Cedri 29hd ; Mohamed Ansar 26 hd ; Joods Historisch Museum, Amsterdam 48hg ; Magnum/Abbas 60hd ; Bruno Barbey 6bd, 44dc, 44gc ; Fred mayer 35bd ; Nelson-Atkins Museum of Art, Kansas City, Missouri (Donation de Bronson Trevor en souvenir de son père, John Trevor) 36hd ; Panos Pictures/Paul Smith 56cd ; Ann et Bury Peerlens 41bg, 43hg, 62-63b ; Pitt Rivers Museum, Oxford 34-35b ; Peter Sanders 58-59b, 58bg, 62hg ; Scala, Florence/ Bargello, Florence 54b, 57 bd ; Saint Pierre de Rome, Le Vatican 54hd ; Spectrum Color Library 38bg ; Franck Spooner Pictures 24hg ; bartholome/Liaison 41hg ; Museum of the Order of St John 54hg ; Tony Stone Images/Patrick Ward 6-9c ; Topham Picture Source 36bg ; trip/H. Rogers 42hg ; ZEFA Pictures 49cg.

Couverture : 1er plat : hg Barnabas Kindersley © Dorling Kindersley, hm © Aleksandar Todorovic/ Shutterstock, hd Colin Keates © Dorling Kindersley avec l'aimable autorisation du Natural History Museum, Londres, b © Chonlapoom/Shutterstock ; dos : h Nigel Hicks © Dorling Kindersley, b Roger Mapp © Roughguides/Dorling Kindersley ; 4e plat : hg Ellen Howdon © Glasgow Museums, g © Jamie Marshall/ Dorling Kindersley, hd Alex Robinson © Dorling Kindersley, md Idris Ahmed © Dorling Kindersley.

Tout a été fait pour retrouver les propriétaires des copyrights. Nous nous excusons par avance des oublis involontaires. Nous serons heureux à l'avenir de pouvoir les réparer.

Comité éditorial : à Londres : David Pinckering, Sharon Spencer, Gillian Denton, Julia Harris, Charlotte Traill, Kathy Lockley et Julie Ferris et à Paris: Christine Baker, Nathalie Corradini, Clotilde Lefebvre, Jacques Marziou et Éric Pierrat

Edition française dirigée par Jean-Olivier Héron assisté par Dominique Barrios-Delgado (Judaïsme et Christianisme), Michelle Esclapez (hindouisme) et Pascale Houssin.
En 2012, page Internet associée : Bénédicte Nambotin, Françoise Favez et Victor Dillinger.